MÜNSTERSCHWARZACHER KLEINSCHRIFTEN

herausgegeben
von Mönchen der Abtei Münsterschwarzach

Band 58

Anselm Grün OSB

Ehelos — des Lebens wegen

VIER-TÜRME-VERLAG MÜNSTERSCHWARZACH
1989

Anselm Grün OSB

Ehelos —
des Lebens wegen

VIER-TÜRME-VERLAG MÜNSTERSCHWARZACH
1989

CIP-Titelaufnahme der Deutschen Bibliothek
Grün, Anselm:
Ehelos – des Lebens wegen/Anselm Grün. –
Münsterschwarzach : Vier-Türme-Verlag, 1989
  (Münsterschwarzacher Kleinschriften ; Bd. 58)
  ISBN 3-87868-398-7
NE: GT

Gesamtherstellung: Vier-Türme-Verlag, D-8711 Münsterschwarzach
© by Vier-Türme-Verlag, Münsterschwarzach
ISSN 0171-6360
ISBN 3-87868-398-7

INHALT

Einleitung 7

1. Das Zulassen von Anima und Animus .. 13

2. Das Zulassen der Sexualität 19

3. Das Zulassen menschlicher Liebe 45

4. Das Zulassen von Gottes Liebe 55

5. Das Zulassen der Gottesgeburt in uns .. 65

Anmerkungen 83

EINLEITUNG

Vor einiger Zeit waren zwei junge Mitbrüder auf einem Kurs über die evangelischen Räte. Da wurden theologisch gute Vorträge über die drei Gelübde gehalten, natürlich auch über das Gelübde der Ehelosigkeit. Aber meine Mitbrüder wollten keine Theorie hören. Sie fragten vielmehr, wie die Referenten das denn praktisch machten mit der Ehelosigkeit, wie sie mit ihrer Sexualität denn konkret umgingen. Doch darüber gaben die Referenten keine Auskunft. Und meine Mitbrüder kehrten unbefriedigt nach Hause. Obwohl es eine Reihe guter Bücher über die evangelischen Räte gibt, habe ich mich auf die Erfahrung meiner jungen Brüder hin nun doch entschlossen, etwas über die Ehelosigkeit zu schreiben. Und ich hoffe, daß diesen Gedanken nicht der Vorwurf gelte, sie seien rein theoretisch.

Nach dem Konzil war es modern, von der Zeichenhaftigkeit der evangelischen Räte zu sprechen. Vor allem die Ehelosigkeit sei ein eschatologisches Zeichen, ein Zeichen für das kommende Gottesreich. Ein Mitbruder meinte bei einer Konventsdiskussion über die Gelübde, er habe keine Lust, als eschatologisches Verkehrszeichen in der Gegend herumzustehen. Die Ehelosigkeit muß doch in sich einen Sinn und Wert haben. Sie kann nicht nur Zeichen sein. Als Zeichen allein kann keiner leben. Jeder muß in sich sinnvoll existieren können. So wollen wir in dieser Kleinschrift positiv fragen, was denn Ehelosigkeit bedeute.

Es gibt eine Reihe anthropologischer Ansätze, um die evangelischen Räte als eine Möglichkeit der Menschwerdung zu verstehen. Der Psychoanalytiker Schultz-Hencke sieht in den evangelischen Räten Grundvollzüge des Menschen, in denen er auf eine ganz konkrete Weise mit seinen Trieben umgeht.[1] Die evangelischen Räte versuchen, die Grundtriebe des Menschen zu kultivieren und zu sublimieren. Ein anderer Ansatz - von Drewermann ausgehend - sieht in den evangelischen Räten eine Antwort aus dem Glauben auf die Grundängste des Menschen.[2] Normalerweise antwortet der Mensch auf die Angst vor der Fremdbestimmung, indem er krampfhaft an sich festhält. Der Gehorsam ist eine Möglichkeit, aus dem Glauben an den Gott, der meine Lebendigkeit will, frei zu werden von falscher Ichverkrampfung. Auf die Angst vor dem Verhungern antwortet der Mensch durch Sicherung im materiellen Besitz. Im Gelübde der Armut durchbricht der Mensch diese Sicherung im Vertrauen auf Gott. Dadurch wird sein Verhältnis zu den materiellen Dingen verändert, es kommt ins richtige Maß. Auf die Angst vor der Haltlosigkeit des Lebens antwortet der Mensch durch Bindung und Gründung einer Familie, in der er sich geborgen und gehalten fühlt. Doch zu leicht kann eine menschliche Beziehung verderben, wenn der Mensch sich an sie klammert. Die Ehelosigkeit will uns zeigen, daß vom Vertrauen auf die Geborgenheit in Gott her auch menschliche Beziehungen erst gelingen können. Und so ist sie eine Antwort des Glaubens auf die Angst vor der Haltlosigkeit des Daseins.

Diese Ansätze sind sicher eine Hilfe, die evangelischen Räte nicht nur als Zeichen, sondern als Möglichkeit menschlicher Selbstwerdung zu verstehen. Ich möchte die Ehelosigkeit im Rahmen eines anderen Modells sehen. Für mich sind die drei Gelübde Gehorsam, Armut und Ehelosigkeit drei Schritte der Menschwerdung und zwar Annehmen, Loslassen und Zulassen. Diese drei Schritte sind für jede gelungene Selbstwerdung unerläßlich. Sie können eingeübt werden in der Meditation, in der Beobachtung des Atems, in der Feier der Eucharistie oder aber auch im Prozeß einer Psychotherapie. Gehorsam, Armut und Ehelosigkeit sind eine Einübung dieser Schritte durch das ganze Leben. Der Gehorsam meint das Annehmen seiner selbst mit seinen Stärken und Schwächen, das Annehmen der eigenen Existenz als Mitsein und das Annehmen des Willens Gottes, wie er erkannt werden kann im Horchen auf das innere Gespür, im Horchen auf den Leib, auf die Träume und auf die Gedanken und Gefühle, im Horchen auf die Menschen, die mir vorgesetzt werden, im Horchen auf den Oberen, der mein Horchen auf die eigenen Gefühle durchkreuzen kann, und im Horchen auf das Wort Gottes in der Schrift. Im Horchen auf Gott kann ich erst mein wahres Wesen finden. Denn oft genug horchen wir auf fremde Stimmen und lassen uns von ihnen bestimmen. Das Horchen auf Gott befreit uns von der Herrschaft dieser Stimmen. Der klösterliche Gehorsam zeichnet sich gerade dadurch aus, daß ich damit rechne, daß Gott besonders im Oberen mich ansprechen kann. Dabei darf ich nie das Wort des Oberen mit dem Wort Gottes verwechseln. Ich muß nur genau hinhören, was Gott mir durch den Oberen sagen will. Der Gehorsam dem Oberen ist nur eine konkrete Form des Gehorsams der Gemeinschaft gegenüber und eine Einübung in den Gehorsam Gott gegenüber.

Die Armut besteht im Loslassen, einmal im Loslassen des materiellen Besitzes, materieller Sicherheiten und des ungeordneten Besitzstrebens. Dabei sollte über die Armut nicht immer mit dem moralisierenden Zeigefinger gesprochen werden. Es geht nicht in erster Linie darum, ob wir arm genug leben oder was wir für die Armen tun, sondern ob wir bereit sind, mit ihnen unser Leben zu teilen. Es sollte über die Armut nüchtern gesprochen werden. Den Lebensunterhalt kann man berechnen und vergleichen mit den statistischen Daten der verschiedenen Gruppen in unserer Gesellschaft. Dann sieht man, welcher Gruppe man zugehört. Und oft genug wird man entdecken, daß die klösterliche Armut gesicherter ist als die Armut vieler Familien. Das Loslassen von Besitz macht gemeinschaftsfähig. Ob ich bereit bin, alles Geld und alle Geräte mit meinen Brüdern in der Gemeinschaft zu teilen, ist ein ganz konkreter Prüfstein, wie weit ich bereit bin, wirklich miteinander Gemeinschaft zu leben. Armut meint aber nicht nur das Loslassen von materiellem Besitz, sondern auch von geistigem Besitz. Auch geistlich sollen wir unsere Erfahrungen teilen. Geistliche Armut meint, daß wir nicht gierig nach immer wieder neuen geistlichen Methoden und Büchern suchen, sondern in unserem Gebet immer einfacher werden. Für die Mönche war die Beschränkung auf ein Wort (ruminatio, Jesusgebet) eine konkrete Form dieser geistlichen Armut. Letztlich meint Armut ein Loslassen seiner selbst. Denn wir selbst stehen uns im Wege, so daß Gott uns nicht durchdringen kann. Armut meint ein Freiwerden von sich selbst, ein Vergessen von sich selbst, um ganz auf Gott ausgerichtet zu sein, um vor ihm niederzufallen und vor ihm zu schweigen.

Im Wechsel von Annehmen und Loslassen formt der Mensch das Material, das ihm vorgegeben ist, aus dem er sein einmaliges und unverwechselbares Bild gestalten soll. Annehmen und Loslassen machen das Material plastisch, aber die Gestalt, die daraus geformt werden soll, entsteht nicht durch eigene Anstrengung, sie muß zugelassen werden, sie ist ein Geschenk, für das der Mensch sich empfangsbereit machen muß. Um dieses Zulassen der von Gott dem Menschen eingestifteten Gestalt geht es in der Ehelosigkeit. Und so möchte ich über die Ehelosigkeit nur unter diesem Aspekt des Zulassens schreiben. Es gäbe sicher noch viele andere Akzente und Sichtweisen. Aber bei der Fülle von Literatur darf die Beschränkung auf diesen Ansatz erlaubt sein.

1. Das Zulassen von Anima und Animus

Der Theologe Dionysius Areopagita deutet etwa um 500 nach Christus das Wort Mönch von dem griechischen Wort monas her, das Einheit bedeutet. Normalerweise wird Mönch von monachos her verstanden, das allein leben meint, sich zurückziehen aus der Welt, um allein mit Gott zu leben. Doch Dionysius versteht den Mönch vor allem als einen Menschen, der die Zerteilung in Mann und Frau überwunden und zur ursprünglichen Einheit zurückgefunden hat:

Sie werden Mönche genannt auf Grund ... des ungeteilten und einheitlichen Lebens, welches ihnen durch heiligen Wiederzusammenschluß der zerteilten Aspekte dieses Lebens einen lauteren Einheitscharakter verleiht, so daß sie zu einer gottähnlichen Einheit werden können und gottgefällige Vollendung erlangen.[3]

In diesem Satz kommt eine urmenschliche Sehnsucht zum Ausdruck, die Sehnsucht nach Überwindung der Polarität von Mann und Frau, die Sehnsucht nach einem Menschen, der in sich Mann und Frau zugleich ist, die Sehnsucht nach dem androgynen Menschen, der in sich Männliches und Weibliches miteinander verbindet.

C.G. Jung spricht davon, daß der Mensch in dem Prozeß der Selbstwerdung, der Individuation, in sich männliche und weibliche Züge entfalten, daß er anima und animus in sich integrieren muß.[4] Anima nennt Jung die weiblichen Züge: das Gefühl, schöpferische und lebendige Kräfte im Menschen, Religion, Gemeinschaftsbezogenheit, Zärtlichkeit, Mütterlichkeit, Beziehungsfähigkeit. Animus sind die männlichen Züge: Tatkraft, Wille, Geist, Streben nach Idealen. Männliche und weibliche Züge sind immer zugleich positiv und negativ. Der animus kann pervertieren in Tyrannei und Herrschsucht, in Sturheit und Prinzipienreiterei, die anima kann als Hure oder verschlingende Mutter verfälscht werden. Nach Jung sind die gegengeschlechtlichen Züge beim Menschen in der ersten Lebenshälfte meist unbewußt. Der Mann projiziert seine anima normalerweise auf die Frau, die Frau ihren animus auf den Mann. Doch wenn der Mensch bei der Projektion stehenbleibt, findet er nie zu seinem Selbst. Daher ist es Aufgabe der zweiten Lebenshälfte, die Projektion wieder zurückzunehmen und in sich anima und animus zuzulassen.

Was Dionysius von der monastischen Theologie her und was Jung als Psychologe fordern, bedeutet für uns, die wir ehelos leben wollen, daß wir versuchen, ganze Menschen zu werden, sowohl männliche wie weibliche Züge in uns zuzulassen. Ehelosigkeit ist nicht zuerst Verzicht auf die Ehe als der eigentlichen Form menschlicher Erfüllung, sondern sie ist die Ermöglichung einer Menschwerdung, die den ganzen Menschen zum Ziel hat. Es geht dabei nicht um besser oder schlechter, sondern nur um zwei Weisen der Menschwerdung. Es gibt Ehelose und Verheiratete, die auf ihrem Weg reif geworden sind und in sich anima und animus zugelassen haben. Aber es gibt natürlich in beiden Bereichen auch genügend Gescheiterte. Anfang der siebziger Jahre mußte man als Eheloser fast Minderwertigkeitskomplexe haben, als ob man so gar nicht reif werden könne. Man müsse sich zumindest eine Freundin zulegen. Ich möchte hier nicht in die Diskussion um den Zölibat eintreten. Persönlich meine ich, daß bei den Weltpriestern der Zölibat freigestellt werden solle, gerade um das Charisma der Ehelosigkeit nicht zu verfälschen. Für den Mönch ist die Ehelosigkeit sowieso conditio sine qua non.

Die Ehelosigkeit wird nicht gelingen, wenn wir sie nur vom Verzicht her sehen. Denn dann bleiben wir ständig beim Partner stehen, auf den wir verzichtet haben. Ehelosigkeit ist eine positive Möglichkeit der Menschwerdung. Dabei kann die Integration von anima und animus beim Ehelosen auch auf zwei Weisen gelingen. Beim einen geht sie über die konkrete Beziehung zu einer Frau bzw. zu einem Mann, entweder über eine Freundschaft vor dem Eintritt ins Kloster oder aber in einer reifen Beziehung, die die genitale Sexualität ausschließt. Beim andern geht sie ohne solche Beziehungen. Graf Dürckheim meinte einmal, er hätte früher immer gedacht, daß die Integration von anima und animus nur über die konkrete Beziehung zu einem Partner gelingen könne. Aber in der Begegnung mit einigen Mitbrüdern mußte er eingestehen, daß es auch anders möglich sei. Die Träume meiner Mitbrüder spiegelten für den Psychologen eine reife Integration wider. Und da Dürckheim nie ideologisch war, sondern immer offen für den konkreten Menschen, ließ er sich von der positiven Möglichkeit der Selbstwerdung in der Ehelosigkeit überzeugen, ja er meinte, daß der Ehelose von vornherein auf den androgynen Menschen als Ziel ausgerichtet sei, während der Verheiratete erst über die Rücknahme seiner anima- bzw animus-Projektion den ganzen Menschen anziele. .

Ehelosigkeit als Zulassen von anima und animus verlangt von uns, daß wir all unsere männlichen und weiblichen Züge annehmen, daß wir sie nicht verdrängen, sie nicht werten, sondern bejahen als wertvolle Kräfte in uns. Für einen Mann, der nur auf seine Männlichkeit bedacht ist, und für eine Frau, die nur auf ihre weibliche Rolle fixiert ist, bedeutet die Anerkennung der gegengeschlechtlichen Züge eine Zerstörung des bisherigen Selbstverständnisses. Wer sich dieses Selbstverständnis nicht ankratzen läßt, sondern sich einseitig auf seine Männlichkeit festlegt, bei dem rutscht die anima ins Unbewußte und äußert sich in unberechenbaren Launen. Die Launenhaftigkeit und Empfindlichkeit mancher Priester zeigt, daß hier die anima verdrängt wird. Da nützt dann kein frommer Überbau, kein Vorsatz, zu allen Menschen freundlich zu sein. Die anima wird sich immer wieder in Launen und Gefühlsschwankungen bemerkbar machen. Bei der Frau produziert der ins Unbewußte verdrängte animus starre und fixierte Meinungen, die nicht mehr hinterfragt werden, Meinungen um ihrer selbst willen. Den animus zulassen bedeutet für die Frau daher, ihre Meinungen nach ihrer Herkunft zu befragen und so zu dem unbewußten Hintergrund dieser festen Überzeugungen vorzustoßen. Für Jung ist der Dialog mit den Launen und mit den festen Meinungen ein Weg, an die anima bzw. an den animus heranzukommen und ihn zuzulassen. Ein anderer Weg wäre das Horchen auf die Träume. Denn viele Traumbilder sagen uns etwas darüber aus, wie weit bei uns anima und animus integriert sind. Integrieren heißt dabei nicht einfach, es zu wollen oder gar zu machen. Da kann man nicht viel machen. Man muß sich dem Gegenpol vielmehr stellen, sich in ihn hineinfühlen, die Traumbilder weitermeditieren. Dann wird einem anima und animus vertraut und man verliert die Angst davor. Die Frauen bzw Männer, die im Traum vorkommen, stellen häufig Aspekte meiner anima bzw meines animus dar. Ich kann dann einen Dialog mit diesen Traumgestalten anfangen, mich

in sie hineinfühlen, dann werden sie ein Teil von mir, dann werden sie zugelassen, integriert.
Für den Mann sieht die Integration der anima so aus, daß er auch Gefühle zuläßt, daß er zärtlich sein kann mit sich selbst, mit andern Menschen, mit der Natur, daß er behutsam mit sich und den Dingen (Zimmer, Werkzeug, Zeit usw) umgeht, daß er Mut bekommt, etwas Verrücktes zu tun, wie etwa malen, singen, kreativ zu sein, seine Träume aufzuschreiben usw. Bei der Frau heißt Integration des animus Bereitschaft zu Verantwortung und Engagement, Mut zum Risiko, zur Konfrontation, Durchstehvermögen. Es geht um die ausgeglichene Verbindung weiblicher und männlicher Züge, also von Zärtlichkeit, Mitgefühl und bergender Mütterlichkeit mit Festigkeit, Engagement und Kraft. Die ideale Mitte zu finden, ist sicher nicht leicht. Und keiner kann wohl von sich sagen, daß er anima und animus wirklich zugelassen habe. Aber es ist schon viel, wenn wir uns nach beiden Polen hin ausstrecken und zumindest damit rechnen, daß in uns auch Neues sich melden möchte. Dabei gibt es sicher viele Fehlformen, den verweiblichten Mann oder die männliche Frau. Neben der Bereitschaft zur Integration braucht es auch den Mut zu seinem Mannsein und zu seinem Frausein. Das hat Richard Rohr in seinen geistlichen Reden zur Männerbefreiung [5] richtig gesehen. Ich muß erst ja sagen zu meinem Mannsein, bevor ich die anima zulassen kann. Und nur die Frau, die ihr Frausein bejaht, kann den animus in positiver Weise integrieren. Ein Mann, der seine anima integriert und sein Mannsein angenommen hat, läßt auch die Frau ganz Frau sein, und umgekehrt. Problematisch wird es, wenn in der Kirche Männer, die nicht richtige Männer sind, es auch nicht zulassen können, daß es richtige Frauen

gibt. Wo Männer und Frauen zu ihrem Mannsein und Frausein stehen und anima und animus in sich integriert haben, lassen sie einander gelten und freuen sich aneinander, da einer den andern befruchtet. Der Geschlechterkampf in der Geschichte hat immer mit mangelnder Integration von anima und animus zu tun.

2. Das Zulassen der Sexualität

Sexualität ist eine positive, von Gott dem Menschen geschenkte Kraft. Auch der Ehelose muß sie in sich zulassen und entfalten, wenn er in seiner Menschlichkeit reif werden will. Das Zulassen der Sexualität sieht für den Ehelosen sicher anders aus als für den Verheirateten, aber an der Annahme und Bejahung seiner Sexualität kommt er nicht herum. Sexualität bedeutet jedoch nicht Sex, nicht genitale Sexualität, sondern eine Bestimmung des ganzen Menschen und zwar eine Hinordnung des Menschen auf ein Du. Bevor ich auf den rechten Umgang mit der Sexualität zu sprechen komme, wie er sich von der monastischen Tradition her nahelegt, möchte ich erst die positive Bedeutung der Sexualität hervorheben. Das Ziel der Sexualität ist eine größere Lebendigkeit. Und sicher zeigen viele Ehelose, die in sich starr und blockiert sind, daß sie die Sexualität entweder abgeschnitten oder verdrängt haben. Unsere jungen Mitbrüder beobachten uns genau, wieweit wir nach 10 oder 20 oder 30 Klosterjahren lebendig geworden sind oder nicht. Die Lebendigkeit ist das, was sie überzeugt, nicht die Arbeit und nicht die Theologie.

Durch den sexuellen Kontakt mit einer Frau oder einem Mann erwarten wir uns ein intensives Erleben, ein Einssein mit uns selbst und mit dem andern, die Möglichkeit, über uns hinauszuwachsen und uns ganz fallen zu lassen. Doch zugleich wissen wir auch, daß unsere Erwartungen immer größer sind als die Erfüllung. Es liegt in der Natur des Menschen, daß er mehr erwartet und ersehnt, als ihm geschenkt wird.[6] Für den Ehelosen heißt die Annahme der Sexualität, daß er die Sexualität zu Ende denkt, anstatt sie abzuschneiden. Wenn er sie zu Ende denkt, wird er auf seine

Ursehnsucht nach Lebendigkeit stoßen. Wenn er diese Sehnsucht auf Gott richtet, nicht an seiner Sexualität vorbei, sondern durch sie hindurch, dann hat er keine Angst mehr davor, sondern weiß sich in ihr und durch sie ganz und gar auf Gott verwiesen.

Die Sexualität ordnet den Menschen auf ein Du hin, sie befreit ihn von seiner Isolation und öffnet ihn einem Du, um im Du sich selbst finden zu können. Annahme der Sexualität bedeutet daher ein Pflegen guter Beziehungen. Ein gesundes geistliches Leben wird für den Ehelosen nur möglich sein, wenn er in guten menschlichen Beziehungen lebt. Das Einüben personaler Beziehungen und der Gemeinschaftsfähigkeit gehören daher zur Integration der Sexualität. Eine gute menschliche Beziehung ermöglicht immer auch Intimität, Herzlichkeit, Offenheit. Die Intimität in der Beziehung zu einem Menschen muß jedoch von der Intimität mit Gott im Gebet umfangen sein, sonst wird sie sich verselbständigen.[7]

Sexualität meint Hingabefähigkeit. Die Sexualität bewußt annehmen, heißt darum seine Hingabefähigkeit zu verwirklichen in einer Zuwendung zum andern, die bereit ist, mit dem andern durch seine Not mitzugehen, ihn zu begleiten durch alle Situationen hindurch. Ich lasse meine Sexualität zu, wenn ich mich dem andern öffne, wenn ich dem andern nicht bloß in einer rein geistigen Weise begegne, die jede Verantwortung ausschließt, sondern wenn ich mich auf den andern ganz einlasse, auf seine Gefühle, seine Interessen, seine Sorgen und Probleme. Das schließt natürlich das Risiko ein, daß mir meine Verantwortung für den andern zur Last wird. Aber sich dem andern öffnen, dem andern vertraut werden, schließt eben Verantwortung ein.

"Wir sind zeitlebens für das verantwortlich, das wir uns vertraut gemacht haben", sagt der kleine Prinz. Annahme der Sexualität bedeutet Bereitschaft, für einen ganz konkreten Menschen Verantwortung zu übernehmen.

Sexualität zielt immer auf Bindung. Nur wenn zwei Menschen bereit sind, sich aneinander zu binden, können sie sich ohne Angst vorbehaltlos einander hingeben. Das Zulassen der Sexualität verlangt auch vom Ehelosen eine Bindung. Der Ehelose bindet sich zutiefst an Gott, aber seine Bindung Gott gegenüber zeigt sich gerade auch in der Bindung an die Menschen, in der Bindung an eine konkrete Gemeinschaft, in der Bindung an die Menschen, denen er in seinem Wirken begegnet. Bindung verhindert, daß ich den andern nur zu meiner Selbstbestätigung benutze, daß ich nur solange an ihm und mit ihm arbeite, wie es mich bestätigt, wie es mir Erfolg verschafft. Wer sich bindet, der bindet sich immer zum Dienst. Er läßt sich von Gott binden, er läßt sich von Gott den Nächsten zuweisen, den er zu lieben hat mit all seiner Kraft. Die Bindungsangst, die heute sowohl vor der Ehe als auch vor dem Klostereintritt zu beobachten ist, hat sicher eine Ursache in der Ichschwäche vieler Menschen. Sie ist aber auch oft die Weigerung, sich in der Tiefe treffen zu lassen. Man hat Angst sich zu binden, weil man befürchtet, sich dabei zu verlieren. So hält man an sich fest, läßt alle Türen offen und steht schließlich vor lauter verschlossenen Türen. Sich zu binden ist gerade Voraussetzung für menschliche Reife. Sie ist das Bekenntnis, sich in seinem Herzen von Gott oder einem Menschen treffen zu lassen, und zugleich Zeichen, daß der Mensch die Wandlungen seines Lebens übergreift und eines zeitlosen und absoluten Seins fähig ist. Für den Philosophen Friedrich Bollnow ist die Treue, die man in der Bindung eingeht, Voraussetzung für menschliche Selbstwerdung.[8] In der Treue entdeckt der Mensch, daß er mehr ist als eine Aufeinanderfolge verschiedener Zustände, daß in ihm selbst etwas Ewiges, Zeitüberdauerndes steckt. Der Mensch, so sagt Bollnow, gewinnt erst aus dem zeitüberbrückenden Verhalten der Treue sein Selbst.

Sexualität ist fruchtbar, auf die Zeugung eines Kindes hingeordnet. Zulassen der Sexualität bedeutet daher Zulassen der eigenen Fruchtbarkeit und Kreativität. Der Ehelose soll in seinen menschlichen Fähigkeiten nicht verkümmern. Um ausgeglichen leben zu können, muß er gerade seine Kreativität entfalten. Er soll sein Gefühlsleben verfeinern, die verschiedenen Weisen zu empfinden und Empfindungen auszudrükken. Die Fruchtbarkeit wird bei jedem Menschen verschieden aussehen. Es geht darum, seine Einmaligkeit bewußt zu pflegen. Die Art und Weise, wie ich empfinde, ist einmalig. Ich brauche mich in meinen Gefühlen nicht denen der andern anzupassen, sondern darf ganz bewußt meine Gefühle empfinden. Die Fruchtbarkeit kann sich in der Phantasie äußern, mit der einer seinen Wohnraum gestaltet, sie kann sich im Schreiben, im Predigen, im Mut zur eigenen Meinung, in der Ursprünglichkeit der Arbeit zeigen. Ein Zeichen, daß die Sexualität integriert ist, ist immer die Fruchtbarkeit, die um einen herum entsteht. Wenn es um einen Priester herum sprudelt, Lebendigkeit und Phantasie aufblühen und der Mut zu etwas Neuem wächst, dann ist es immer ein Ergebnis integrierter Sexualität.

Der Ehelose soll Frucht bringen, er soll und darf zeugen. Das kann sich in seinem Werk zeigen, das kann sich aber auch konkret in den Kindern zeigen, für die er Vater oder Mutter wird. Ich darf mich freuen, wenn ich in der geistlichen Führung etwas von Vaterschaft empfinden kann, oder wenn ich mütterliche Gefühle habe. Die Mütterlichkeit des Ehelosen drückt sich am besten in der Barmherzigkeit aus, mit der ich Menschen begegne. Im Hebräischen heißt Barmherzigsein, den andern in seinem Mutterschoß tragen, ihn heranreifen lassen, bis er selbst wachsen und leben kann. Die Mütterlichkeit als Barmherzigkeit kann sich gerade in der Stellvertretung zeigen, die wohl für klausurierte Schwestern oft die einzige Möglichkeit ist, ihre Sexualität für andere fruchtbar werden zu lassen. Die Sexualität ist dabei aber nur dann angenommen, wenn ich mich wirklich in die Menschen hineinfühle, für die ich bete, wenn ich sie in meinen Mutterschoß eintreten lasse.

Es wäre sicher allzu einfach, wenn die Annahme der Sexualität für den Ehelosen nur bedeutet, die positiven Bedeutungen der Sexualität auf geistige Weise zuzulassen. Die Sexualität ist oft genug auch eine Not. Sie regt sich, wenn man es nicht will. Und sie läßt sich mit keinem Trick einfach in Griff bekommen. Unser unbewußtes Ideal ist es oft, daß wir die Sexualität geistlich so bewältigen, daß sie kein Problem mehr ist. Aber die Sexualität regt sich oft genug auch anders. Phantasien entstehen und verursachen körperliche Regungen. Selbstbefriedigung ist für viele Ehelose ein Problem. Wenn Kardinal Meisner meint, er könne als Priester nur zulassen, wer weder sexuelle Kontakte mit andern noch Selbstbefriedigung erfahren habe, so bringt er damit sicher alle Spirituale in Priesterseminarien in Bedrängnis. Guter Umgang mit der Sexualität heißt auch, einen guten Weg zu finden, mit den Regungen seiner Sexualität zurechtzukommen. Dabei ist die verhängnisvolle Fixierung auf das sechste Gebot, wie es der Jansenismus verschuldet hat, zu vermeiden. Die Kirche hat da sicher an vielen Menschen große Schuld auf sich geladen, indem sie sie unnötig in Schuldangst getrieben hat. Auf der andern Seite hilft aber auch ein Laxismus nicht weiter, der meint, Selbstbefriedigung sei ganz normal. Das stimmt schon von der Psychologie her nicht. Denn darin sind sich die Psychologen einig, daß es eine Fehlform oder zumindest eine unreife Form ist, mit der Sexualität umzugehen. Wir wollen die Mönchsväter befragen, was sie zum Umgang mit der Sexualität zu sagen haben.

Viele meinen, die Mönchsväter hätten die Sexualität verteufelt, sie hätten in ständiger Angst vor der Frau gelebt. Doch ein Blick in die Schriften der frühen Mönche widerlegt diesen Eindruck. Der Kampf geht bei den Mönchen vor allem gegen die Leidenschaften, die einen von Gott trennen. Am meisten Raum nehmen dabei die Leidenschaften von Zorn und Acedia ein. Die Unzucht als zweites Laster wird wesentlich kürzer behandelt. Schon das zeigt, daß das eigentliche Problem der Mönche nicht die Sexualität ist. Das können wohl die meisten Ehelosen bestätigen. Die Meinung mancher Klostergäste, als ob wir unsere ganze Energie darauf verwenden würden, die Sexualität in Zaum zu halten, ist schlichtweg falsch. Natürlich können wir nicht sagen, daß sie für uns kein Problem sei, daß wir sie schon längst geistlich sublimiert hätten. Bei aller Integration meldet sie sich eben doch von Zeit zu Zeit. Und sie verlangt dann ein behutsames Umgehen.

Die Schriften der Mönchsväter schreiben sehr konkret über den Umgang mit der Sexualität,

aber sie stellen keine allgemein gültigen Regeln auf. Sie geben jeweils einem ganz bestimmten Mönch eine Antwort, die für ihn zutrifft und die ihm hilft. Die Ratschläge können sich dabei durchaus widersprechen. Denn was für den einen gut ist, muß noch nicht für den andern zutreffen. So heißt es in einem Väterspruch:
Ein Bruder befragte sich beim Altvater Agathon wegen der Unzucht. Er erklärte ihm: "Wohlan, wirf dein Unvermögen vor Gott, und du wirst Ruhe finden."[9]

Agathon verlangt hier gar nicht, daß wir die Sexualität in Griff bekommen. Er rechnet vielmehr damit, daß wir unser Unvermögen erfahren werden. Es gibt keinen geistlichen Trick, sie zu beherrschen. Sie erinnert uns immer wieder daran, daß wir Mann oder Frau sind, daß wir ganz vitale Bedürfnisse haben und uns nach sexueller Lust sehnen. Aber wenn wir unsere Menschlichkeit vor Gott halten, wenn wir demütig genug sind, unsere Menschlichkeit anzunehmen, dann kann Gott uns einen tiefen Frieden schenken. Dann beherrscht uns die Sexualität nicht mehr. Wenn wir als unbedingtes Ziel haben, auf keinen Fall Selbstbefriedigung zu machen oder uns auf keinen Fall zu verlieben, dann sind wir auf unsere eigene Vollkommenheit fixiert. Die Frage ist, ob Gott das absolut so will, oder ob es eher unser eigener Wille ist. Denn es kränkt uns, wenn wir nicht Herr unserer Sexualität sind. Agathon ist da viel menschlicher. Er fordert keine moralische Vollkommenheit, sondern ein absolutes Vertrauen auf Gott. Wir sollen mehr auf Gott schauen als auf unsere eigene sexuelle Reinheit. Dann werden wir Ruhe finden. Diese Ruhe kann bedeuten, daß die Sexualität sich gar nicht mehr regt, daß wir auf einmal absolut frei von Selbstbefriedigung oder von der

Sehnsucht nach einer Frau oder einem Mann sind. Sie kann aber auch mitten im Unvermögen in uns entstehen. Wir vertrauen dann mehr der Barmherzigkeit Gottes als unserem eigenen Vollkommenheitsstreben. Und die Barmherzigkeit Gottes schenkt Frieden. Moralische Vollkommenheit wird nie ein ruhiger Besitz sein. Sie kann uns geschenkt werden, wenn wir von uns weg sehen und unser Herz ganz auf Gott hin ausrichten.

In einem andern Väterspruch heißt es:
Wenn du die Unreinheit Krieg führt gegen deinen Körper oder gegen dein Herz, suche nach der Ursache, die den Krieg ausgelöst hat, und korrigiere sie. Das wird der Überfluß an Nahrung sein oder an Schlaf, der Stolz, die Tatsache, daß du dich für besser hältst als einen andern oder weiter, daß du einen Sünder gerichtet hast. Denn außer in diesen Fällen wird der Mensch nicht von der Unreinheit versucht.[10]

Hier wird ein anderer Weg empfohlen, der Weg der Disziplin. Wenn wir zuviel essen oder Alkohol trinken, brauchen wir uns nicht zu wundern, wenn sich die Sexualität stark bemerkbar macht. Durch Fasten kann man die Sexualität ziemlich zurückdämmen. Das ist eine Erfahrung, die heute viele machen. Aber zugleich wissen wir, daß wir auch mit Fasten die Sexualität nicht abschneiden können. In der Magersucht versuchen heute viele, die Sexualität zu verleugnen. Doch das führt nicht zu größerer Lebendigkeit, sondern vielmehr in die Krankheit. Andere Wege der Disziplin sind der Verzicht auf Bilder, die die sexuelle Phantasie anstacheln, das regelmäßige Leben, die Beschäftigung mit geistlichen Dingen usw. Es ist sicher zu billig, zu sagen, gegen die Sexualität könne man nichts machen. Wir müssen sie als Herausforderung annehmen und an uns arbeiten. Aber zugleich sollen wir wissen, daß sie nicht in Griff zu bekommen ist.

Oft zeigt eine sexuelle Regung, daß man sich der Realität seines Lebens nicht stellt. Weil einen die Situation nicht zufrieden stellt, versucht man sich selbst zu befriedigen. Doch das gelingt nicht. Im Gegenteil, die Selbstbefriedigung führt zu noch größerer Unzufriedenheit. So entsteht ein Teufelskreis des Unfriedens. Oft ist die Selbstbefriedigung also gar kein sexuelles Problem, sondern eine falsche Weise, mit den Frustrationen des Lebens umzugehen. Der Väterspruch regt an, daß wir nach den Ursachen fragen, die den Krieg auslösen. Eine Ursache ist der Stolz, das ist die Weigerung, sich und sein Leben mit den dazugehörenden Enttäuschungen anzunehmen. Der Stolze lebt in seiner Scheinwelt. Und er benützt die Sexualität, um diese Scheinwelt aufrechtzuerhalten. Aber das gelingt nicht. Der einzige Weg zum inneren Frieden ist die Versöhnung mit sich und seiner Situation.

Als weitere Ursache gibt der Väterspruch das Richten über andere an. Die sexuelle Regung ist also eine Anfrage, wie weit ich andere verurteile. Und dann ist sie oft eine heilsame Erinnerung an meine eigene Menschlichkeit. Sie macht mich dann barmherziger. In Beichtgesprächen sind Menschen oft erschüttert über ihre sexuellen Fehltritte. Sie haben oft sehr pointiert die christlichen Moralvorstellungen vertreten und über andere geschimpft, die sich nicht daran halten. Nun sind sie selber in eine solche Sünde gefallen und sind enttäuscht über sich selbst. Da könnte der sexuelle Fehltritt auch zu einer glücklichen Schuld werden, weil er mich aus meiner Selbstgefälligkeit und Selbstzufriedenheit befreit und mich barmherziger macht gegenüber den Menschen. Doch viele reagieren dann nur mit Selbstbeschuldigungen. Sie lähmen sich selbst und bleiben an ihrer Enttäuschung hängen. Annahme der Sexualität heißt Annahme meiner menschlichen Hinfälligkeit und Barmherzigkeit mir selbst und den andern gegenüber. Der Väterspruch schließt mit dem erstaunlichen Urteil, daß außer in diesen Fällen (zuviel Essen, Stolz, Richten) der Mensch nicht von der Unreinheit versucht werde. Hier wird die Sexualität eingeordnet in das System der Askese. Sie führt zur Selbsterkenntnis und verlangt, daß wir auf sie reagieren, indem wir Disziplin üben und nach den Ursachen der Unreinheit fragen. Der Väterspruch zwingt uns zur genauen Erforschung unseres Zustandes. Aber er darf trotzdem nicht zu einer allgemeingültigen Wahrheit gemacht werden. Er ist für den Fragesteller eine Herausforderung und will ihn vor billigen Ausreden warnen.

Sowohl in den Vätersprüchen als auch bei andern monastischen Schriftstellern werden immer wieder diese drei Ursachen für die ungeordnete Sexualität genannt: Weichlichkeit oder zuviel Essen, Hochmut und Verurteilen anderer. So sagt Johannes Climacus:

"Zuweilen fließt uns der Same wegen der Menge der Speisen und der Ruhe im Schlafe. Ein ander Mal kommt die Vergießung desselben aus Hoffart, wenn wir nämlich, weil solche längere Zeit ausgeblieben, uns darüber erheben und wohlgefallen. Zuweilen werden wir aber auch befleckt, wenn wir das Tun und Leben eines andern vermessen beurteilen und verdammen."[11]

Und Climacus empfiehlt daher Enthaltsamkeit und Demut, um die Keuschheit zu erlangen.

In seiner 12. Unterredung mit dem Vater Chaeremon behandelt Cassian das Thema Keuschheit und Sexualität ausführlich. Cassian schreibt:

Doch obwohl wir streng und enthaltsam leben, hungern und dürsten, nachts wachen, unermüdlich arbeiten und eifrig die Schrift lesen: immerwährende Keuschheit werden wir nicht auf Grund solcher Mühen erlangen... Solche Integrität ist bei all unserem Bemühen freies Geschenk der Gnade Gottes.[12]

Wir müssen uns also um Disziplin mühen, gleichzeitig aber anerkennen, daß allein Gott uns in seiner Gnade von der Unreinheit befreien kann. Für Cassian sind vor allem Zerknirschung und Herzensdemut Voraussetzungen für ein keusches Leben. Und er meint, daß Menschen, die von Natur aus kein sexuelles Begehren kennen, in ihrem Leben oft lau und lahm sein. Sie wiegen sich in Sicherheit. Die Versuchung durch die Sexualität ist für Cassian also ein Ansporn, auch in seinem geistlichen Leben intensiver nach Gott zu suchen. Wir sollen die Kraft, die in der Sexualität liegt, nehmen und sie auf Gott ausrichten. Das wird uns lebendig machen. Cassian hat also keine Angst vor den Regungen der Sexualität. Sie sind sogar Voraussetzung, daß das geistliche Leben nicht blutleer und fad, sondern kraftvoll und faszinierend wird. Manche kirchlichen Erwartungen an die Bewerber zum Priesteramt führen dazu, daß sich Menschen zum Zölibat berufen fühlen, die wenig sexuelle Regungen spüren und so kaum sexuelle Probleme haben. Solche Männer entsprechen nicht dem Bild, das sich Cassian von einem Mönch macht. Der vitale, auch in seiner Sexualität sich spürende Mönch wird nach Cassian zu einem glühenden Gottesverehrer. Der junge Mann, der ohne Vitalität und Sexualität ist, wird auch in seiner Frömmigkeit kraftlos und leer bleiben und niemanden für den lebendigen Christus begeistern können.

Cassian rechnet damit, daß auch nach langem Kampf die Sexualität sich wieder regt, gerade dann, wenn man meint, sie schon überwunden zu haben. Und er gibt als Grund an, daß wir uns in Zeiten, in denen wir uns frei von allen sexuellen Gefahren fühlen, leicht überheben. Wir können nicht für uns garantieren. Diese Einsicht ist entscheidend für den Umgang mit der Sexualität. Wir müssen Diszplin üben, wir müssen nach den Ursachen fragen, warum sich die Sexualität bei uns oft regt, wir müssen sie zu Ende denken, aber absolute Garantie haben wir nicht für uns. Und das ist gut so. Denn das zwingt uns, daß wir als uns Menschen angewiesen wissen auf Gottes Barmherzigkeit. Cassian drückt diese Erfahrung so aus:

> Bis man also hingelangt ist zu jenem Zustand vollkommener Reinheit, ist es notwendig, öfter aus dem Gleichgewicht zu geraten. Das ist die Schule, durch die man muß, bis uns Gottes Gnade stark macht für die Reinheit und wir dann sprechen können: "Ich habe gehofft, ja gehofft auf den Herrn, und er neigte sich zu mir und hörte mein Rufen."(144f)

Cassian hat also keine Angst vor sexuellen Versuchungen. Denn er denkt nicht in den Kategorien des heidnischen Vollkommenheitsschemas. Es geht im Umgang mit der Sexualität nicht darum, daß wir sie in den Griff bekommen und dann von ihr frei sind, sondern darum, daß wir uns durch unsere Sexualität immer näher zu Gott führen und unser Herz immer mehr für Gottes Liebe öffnen lassen. Die Sexualität will nicht nur unseren menschlichen Beziehungen, sondern auch unserem Verhältnis zu Gott Lebendigkeit und Kraft, Liebe und Vitalität schenken. Sie will uns von unserem Willen, der nur die Vollkommenheit will, zu unserem Herzen führen, unser Herz für Gott aufbrechen und gerade in unserem verwundeten Herzen für Gott Raum schaffen. "Wenn du ein Herz hast, kannst Du gerettet werden", sagt Abba Pambo. Darauf kommt es in unserem geistlichen Leben an, daß wir ein Herz haben, das lieben kann, das sich verwunden läßt, das voller Sehnsucht und Güte, voller Zärtlichkeit und Hingabe ist. Sein zerbrochenes Herz Gott hinhalten, ist Gott angenehmer als das Vorweisen seiner asketischen Leistungen und seines moralischen Unbeflecktseins.

Nicht Beherrschung, sondern größere Liebe ist das Ziel des rechten Umgangs mit der Sexualität. Das sagt Cassian am Ende seiner Ausführungen über die Keuschheit:

> Keuschheit kann nicht bewahrt werden durch ein bloß asketisches Leben, sie hat nur Bestand durch die Liebe und die Freude, die in ihr selbst liegen. Wo noch Kampf gegen die Lüsternheit an der Tagesordnung ist, da spricht man von Enthaltsamkeit, nicht von Keuschheit. Wer von Innen her die Keuschheit liebt, auch gefühlsmäßig, der ist von Gott begnadet. Was nämlich nur mühsam unterdrückt wird, das gewährt nach dem Kampf nicht beständige, sichere Ruhe. Was aber durch tief eingewurzelte Tugend besiegt wird, das garantiert dem Menschen sicheren Frieden. (118f)

Das Ziel der Keuschheit ist für Cassian die Herzensruhe. Und diese Herzensruhe ist wiederum die Bedingung für die Kontemplation.

> Im Frieden der Keuschheit ist die Wohnstatt des Herrn; in der Kontemplation, wie sie die Tugenden ermöglichen, wird Er geschaut. (120)

Nur wenn wir Gott immer mehr Raum geben und unser ganzes Leben der Kontemplation widmen, dem Leben in der Gegenwart Gottes, kann unsere Sexualität verwandelt und erfüllt werden. Nur dann ist ein eheloses Leben sinnvoll. Nicht die moralische Reinheit, sondern die größere Gottesliebe ist das Ziel des ehelosen Lebens. Die moralische Reinheit wird in einem Modell angestrebt, in dem die menschliche Vollkommenheit das höchste Gut ist. Dabei geht es

eigentlich nur um den Menschen. Gott wird nur dazu benutzt, die moralische Vollkommenheit zu ermöglichen. In der Spiritualität der Mönche geht es nicht um diese Vollkommenheit, sondern um die Liebe zu Gott. Alle Tugenden sind nur die Voraussetzung dafür, daß wir mit all unsern Sinnen auf Gott gerichtet sind. Der richtige Umgang mit der Sexualität soll uns dazu befreien, Gott tief in unserem Herzen zu erfahren und unser Herz an Ihm festzuheften. Wenn wir auf unsere Vollkommenheit aus sind, dann wird die Sexualität unsere ganze Energie in Beschlag nehmen. Dann spielt sie eine viel zu wichtige Rolle. Wenn wir sie zulassen, wenn wir damit rechnen, daß sie sich regt, und wenn wir uns von ihr immer wieder auf Gott hin ausrichten lassen, dann hat sie eine positive Bedeutung. Dann wird sie unserem geistlichen Leben Wärme und Freude, Liebe und Frieden, Lebendigkeit und Weite schenken. Dann macht sie uns nicht Angst. Sie erinnert uns vielmehr immer wieder neu daran, daß nicht die Befriedigung der sexuellen Wünsche, sondern allein die Hingabe an den lebendigen Gott Ziel unseres Lebens ist, daß unsere Sehnsucht in der Liebe Gottes erfüllt wird. Aber unsere Sehnsucht wird sich nur von Gott erfüllen lassen, wenn wir unsern sexuellen Wünschen nicht einfach nachgeben und sie als Naturnotwendigkeit hinstellen, sondern wenn wir unser verwundetes Herz Gott hingeben, damit er es heilt und mit seiner Liebe erfüllt.
Evagrius Ponticus behandelt den Umgang mit der Sexualität in seinem Buch Praktikos[13] im Rahmen der Achtlasterlehre. Unzucht ist eines der 8 Laster, die es zu überwinden gilt, um die apatheia, Leidenschaftslosigkeit und Liebe zu erreichen, in der man ganz und gar von Gott erfüllt wird. Evagrius behandelt die Unzucht

recht nüchtern und wesentlich kürzer als etwa das Laster des Zorns oder der acedia. Der Dämon der Unzucht ist sehr schnell und kann aus heiterem Himmel entweder in den Leib fahren als sexuelle Regung oder aber Phantasiebilder hervorrufen. (Pr 51) Die Verwandlung der Sexualität geht nach Evagrius über die Enthaltsamkeit des Leibes. Aber die Enthaltsamkeit führt nicht von allein zur Keuschheit, vor allem dann nicht, wenn man nur gegen seinen Leib wütet.

"Jene, die ihren Leib dürftig mit Nahrung versorgen, aber dennoch nicht frei geworden sind von ihren Begierden, müssen den Grund dafür bei sich selber suchen. Den Leib sollen sie dafür nicht verantwortlich machen." (Pr 53)

Der Mönch soll gegen die Unzucht kämpfen, weil sie die Klarheit seines Geistes trübt (Pr 74), ihn also unfähig macht zum Beten. Eine Sünde der Schwäche kann den Mönch zwar intensiver auf Gott werfen, aber eine Dauerhaltung etwa der Selbstbefriedigung schadet seinem spirituellen Leben, es trübt die Offenheit Gott gegenüber.

Eine andere Aussage zur Sexualität finden wir in Kap 55 des Praktikos:

"Natürliche Vorgänge während des Schlafes, die ohne begleitende aufwühlende Bilder ablaufen, deuten nicht darauf hin, daß die Seele krank ist. Stellen sich aber Bilder ein, so bedeutet das, daß die Seele nicht gesund ist."

Samenerguß ohne aufwühlende Traumbilder findet Evagrius also ganz natürlich. Aber so meint er, der Dämon der Unzucht stachelt gerade im Traum oft unsere Phantasie an und wühlt sie auf. Am Traum können wir also erkennen, wie weit wir mit der Integration der Sexualität sind. Wenn sie integriert ist, dann äußert sie sich in einer tiefen Sehnsucht nach dem unendlichen Gott und in einer fast unerschöpflichen Energie. (Vgl. Pr 57) Wenn die Dämonen sich nur zurückziehen, dann folgt ihnen oft der Stolz. Die Dämonen müssen überwunden werden, dann verwandeln sie sich für den Mönch in Kraft und Eifer bei der Suche nach Gott.

In seinem Buch Antirrhetikon[14] zählt Evagrius eine Reihe typischer Gedanken auf, in denen sich die Sexualität äußern kann. Und er gibt an, wie wir darauf reagieren sollen. Einmal treten immer wieder Gedanken auf, daß es ja keinen Zweck habe, gegen die Unzucht zu kämpfen, da sie stärker sei und nicht bezwungen werden könne. Gegen solche Gedanken empfiehlt Evagrius Ps 18,43: "Ich zerreibe sie wie Staub im Wind, zertrete sie wie Gassenkot." Evagrius ermutigt uns, dagegen zu kämpfen und er macht uns Hoffnung, daß wir siegen werden. So heißt es in Nr 31: "Gegen die Seele, die traurig ist, daß die unreinen Gedanken in ihr bleiben, und die keinen Sieg über sie erwartet, weil sie sieht, wie in ihrem Denken eines von den unreinen Bildern sie ununterbrochen bedrängt - Ps 37,10: Nur eine kleine Weile noch, dann ist der Ruchlose fort, suchst du nach seinem Platz, dann ist er nicht mehr."

Evagrius rät, gegenüber der Sexualität, die dem begehrlichen Teil des Menschen zugehört, den thymos, den emotionalen Teil zu entfalten, denn er bestehe aus Feuer, die unreinen Gedanken aber aus Wasser (Vgl 22). Er möchte also eine Kultur des Eros gegen die Macht des Sexus.

Der Mönch soll sich nicht damit ausreden, daß die Unzucht einfach zu ihm gehöre. Aber gleichzeitig soll er nicht traurig sein, wenn er sich versucht fühlt. Die Versuchung durch den Dämon der Unzucht gehört für Evagrius zum Leben des Mönches. So heißt es in Nr 44:

"Gegen die Seele, die vom Dämon der Unzucht heftig

und unaussprechlich versucht wird, und in ihrer Versuchung sich staunend verwundert, wie dieser Dämon sich nicht schämt und fürchtet – Hiob 7,1: Siehe, Versuchung ist dem Menschen auf Erden auferlegt und sein Leben ist wie die Tage eines Lohnarbeiters."

Ein andermal soll sich der Mönch, der das Feuer der Sexualität, das in ihn fährt, nicht tragen kann, 1 Petr 4,12f vorsagen:

"Geliebte, wundert euch nicht über die zu eurer Prüfung unter euch entstandene Feuersglut, als ob euch etwas Befremdliches widerfahre. Freut euch vielmehr, daß ihr dadurch an Christi Leiden Anteil habt, um auch bei der Offenbarung seiner Herrlichkeit euch freuen und frohlocken zu können." (Nr 64)

Wir sollen also damit rechnen, daß die Sexualität uns immer wieder anficht. Aber gleichzeitig sollen wir keine Angst davor haben und nicht meinen, wir seien gegen sie machtlos. Wir können uns dagegen wehren, wenn wir die Sehnsucht und die Kraft, die in der Sexualität stecken, auf Gott richten. Dann wird die Sexualität zu einer unerschöpflichen Quelle unseres geistlichen Lebens. Und wir können mit Evagrius sagen:

"Gepriesen sei unser Herr Jesus Christus, der uns den Sieg geschenkt hat über den Dämon der Unzucht." (Ant, Schluß)

In den vielen Anweisungen des Evagrius über den Umgang mit dem Dämon der Unzucht spüren wir, daß er etwas verstanden hat vom Geheimnis menschlicher Sexualität und daß er sich ihr ohne Angst naht, vielmehr in dem Vertrauen, daß die Auseinandersetzung mit ihr unser Gebet und unsere Liebe zu Gott vertiefen und mit Kraft und Lebendigkeit erfüllen wird.

Wenn wir die Vätersprüche nach Ratschlägen für den Umgang mit der Sexualität befragen, dann lassen sich folgende herausschälen. Der erste Ratschlag zielt auf die Annahme der eigenen

Sexualität. Ich muß annehmen, daß ich Mann bin oder Frau und nicht geschlechtslos, daß ich Bedürfnisse eines Mannes oder einer Frau habe. Und ich muß danach suchen, wie ich mein Mannsein oder Frausein leben kann. Je mehr ich zu mir als Mann oder Frau Ja sage, desto weniger wird mich die Sexualität überfallen. Aber zugleich muß ich mich damit aussöhnen, daß die Sexualität sich nicht einfach durch einen Trick in Griff nehmen läßt, sondern daß sie sich immer wieder regen kann, gerade dann, wenn es mir nicht paßt. Wenn die Sexualität sich regt, kann ich aber auch fragen, wie weit ich zur Realität meines Alltags stehe. Manchmal kann es eine Flucht vor den Enttäuschungen des Alltags in die Sexualität sein. Dann muß ich versuchen, ja zu sagen zu der Banalität meines Lebens, ja zu den Frustrationen und in ihnen Gott suchen, den Gott meines Lebens.

Ein anderer Rat ist, die Sexualität zu Ende zu denken und zu fühlen. Wir sollen sie nicht gleich abschneiden, als ob sie nur gefährlich wäre. Das Abschneiden ist die Garantie dafür, daß sich die Begierden immer wieder neu regen. Zu Ende denken und fühlen, das kann sein, sich fragen, wonach sehne ich mich denn eigentlich? Ich brauche mir dann die Phantasien nicht gleich zu verbieten, sondern ich spiele sie zu Ende, aber aktiv. Ich lasse meine Phantasie nicht einfach durchgehen, sondern ich lenke sie selbst und frage mich: was will ich denn eigentlich, wenn ich sexuellen Kontakt zu einem Partner wünsche, wenn es mich in der Phantasie danach drängt? Ist das nicht ein Bild für etwas anderes? Ist es realistisch oder verkläre ich da nicht die Sexualität? Ist das überhaupt möglich, was ich mir da vorstelle? Wofür sind diese Phantasien Ersatz, Ersatz für ungelebtes Leben, für eine starre Gottesbeziehung, für Isolation Menschen gegenüber, für meine Unfähigkeit zu guten menschlichen Beziehungen? Durch solches Zu-Ende-Denken und Befragen wird die Sexualität befreit von der Überfrachtung durch zu hohe Erwartungen, die gerade bei Ehelosen immer wieder anzutreffen sind. Wie dieses Zu-Ende-Denken aussehen kann, zeigt Abba Olympios. Als er sich dazu gedrängt sah, zu heiraten und sein Kellion zu verlassen,

"da stand er auf, bereitete Lehm, bildete ein Weib und sprach zu sich: Sieh, das ist dein Weib, jetzt mußt du viel arbeiten, um sie zu ernähren. Und er arbeitete mit großer Anstrengung." (Apo 572)

Er läßt den Wunsch nach einer Frau wirklich zu und denkt ihn nicht nur mit dem Kopf zu Ende, sondern er spielt ihn sich leibhaft durch. Daß dann das Übermaß an Arbeit ihn davon abhält, eine Frau zu heiraten, mag uns etwas zu einfältig sein. Aber Olympios verbietet sich den Gedanken an die Frau nicht, er meditiert ihn durch und dann spürt er, daß es doch nichts für ihn ist. Für mich war dieser Väterspruch hilfreich. Wenn mich öfter mal der Wunsch nach einer Frau überkam, ließ ich ihn zu und stellte mir vor, daß ich Ehemann bin und Kinder habe. Wenn ich diese Vorstellung zuließ, dann stieg zugleich in mir die Angst hoch, zu verbürgerlichen. Und ich spürte, daß für mich das Kloster der Ort ist, an dem ich lebendig und wach sein kann.

Es gab auch eine Zeit für mich, da ich das, wonach ich mich sehnte, malte. Das Malen war ein Weg, die Wünsche zuzulassen, sie aber zugleich zu formen, mich damit auseinanderzusetzen, anstatt mich davon beherrschen zu lassen.
Wenn Menschen immer wieder mit Selbstbefriedigung zu tun haben, frage ich oft, wo sie sich denn am Leben fühlen, woran sie wirklich Spaß

haben und worauf sie sich freuen. Und oft erschrecke ich, daß manche nicht sagen können, wo sie sich wohl und lebendig fühlen und wo sie echte Freude empfinden. Die Regung der Sexualität ist dann ein Ansporn, anders mit dem Leben umzugehen. Christus will nicht unsere moralische Vollkommenheit, sondern unsere Lebendigkeit. Er gönnt uns das Leben. Aber wir gönnen es uns oft nicht. Uns ist das Bild wichtiger, das wir uns von uns gemacht haben. Doch Christus ist gekommen, daß wir das Leben haben und daß wir es in Fülle haben (Joh 10,10). Und der hl. Benedikt lädt zum ehelosen Leben im Kloster mit der Frage ein: "Wer hat Lust zum Leben?" Die Lust am Leben sollte also das eigentliche Motiv der Ehelostigkeit sein. Manche sind durch einen falschen Asketismus so verdorben, daß sie die Frage, worauf sie Lust haben und woran sie Lust haben, schon für unerlaubt halten. Aber damit haben sie Jesus ganz und gar mißverstanden. Ich ermutige dann immer, sich wirklich das zu gönnen, wo sie sich am Leben fühlen. Für den einen ist es die Musik, in die er sich ganz hineingeben kann. Der andere fühlt sich beim Schwimmen ganz lebendig, es erinnert ihn an die Geborgenheit, als er im Fruchtwasser der Mutter schwamm. Für einen andern kann es ein Waldlauf sein, bei dem er richtig schwitzt, oder aber Malen und Tonen, ein gutes Gespräch oder auch ein gutes Essen. Wenn wir uns nichts mehr gönnen, wenn wir nicht das Leben genießen können, das Gott uns immer wieder neu schenkt, dann wird sich die Sexualität immer wieder als Mahner regen, anders mit Gottes Gaben umzugehen. Genießen können wir aber nur, wenn wir zugleich verzichten, wenn wir nicht alles auf einmal haben wollen, sondern uns ganz auf eines einlassen können, entweder auf die Musik, auf das

Wandern oder auf das Gespräch oder die Stille. Ein anderer Rat wäre, die vergeblichen Kämpfe gegen seine Sexualität aufzugeben. Das heißt nicht, daß wir alle Moralvorschriften über Bord werfen und uns einfach erlauben, uns sexuell zu betätigen. Es ist vielmehr ein Rat an die, die ihre ganze Energie darauf verwenden, von ihrer Selbstbefriedigung loszukommen, die in ihrem ganzen religiösen Leben nur auf das Thema Selbstbefriedigung fixiert sind und trotz aller Kämpfe immer wieder über sich enttäuscht sind. Je mehr ich mich auf die Selbstbefriedigung fixiere, desto mehr wird sie mich immer wieder beschäftigen und belasten. Will Gott wirklich, daß ich davon loskomme, oder ist es mein eigener Wille, weil ich mich geniere, daß ich noch so unreif bin, weil es eben meinem eigenen asketischen Ideal widerspricht? Es heißt nicht, einfach zu sagen, Selbstbefriedigung ist natürlich und daher keine Sünde. Wir dürfen uns nicht damit einrichten. Denn sonst bleiben wir menschlich und auch religiös stehen. Es heißt vielmehr, seine Fixierung auf sich und seine moralische Vollkommenheit aufzugeben und den Blick auf den barmherzigen Gott zu richten. Wenn einer nächtelang gegen die Selbstbefriedigung kämpfen muß, dann kann es durchaus einmal für ihn besser sein, es einfach zuzulassen. Denn nicht das Unbefleckstein ist das höchste Gut, sondern die Hingabe an Gott. Und so muß er gleichzeitig überlegen, wo seine Beziehung zu Gott leer geworden ist und wie er sie wieder neu verlebendigen kann. Er muß in seinem alltäglichen Leben lebendiger und mehr auf Gott bezogen sein, dann wird ihn die Sexualität auch nicht beherrschen. Doch vielleicht ist die Sexualität für ihn der Stachel im Fleisch, von dem schon Paulus wollte, daß Gott ihn davon befreie. Aber Gott traute ihm diesen Stachel zu, weil Gottes Gnade gerade in der Schwachheit des Paulus zur Vollendung kam. Vielleicht ist die Sexualität für ihn die Wunde, die für ihn und für die Menschen zum Segen werden möchte. Jesus ist gerade als der verwundete zur Quelle des Lebens für uns alle geworden. Wenn ich den vergeblichen Kampf gegen meine Schwäche aufgebe und sie als Wunde annehme und mich mit ihr aussöhne, dann kann meine Wunde gerade zum Ort der Gottesbegegnung werden, zu der Stelle, an der Gott mich immer wieder berührt und an der er mich in meiner Ohnmacht aufbricht für sich und für die Menschen. Denn wo sind wir wirklich eine Hilfe für die andern? Dort, wo wir stark sind, oder nicht gerade dort, wo wir schwach sind und den andern eintreten lassen in unsere Wunde? Wenn wir uns aussöhnen mit unserer Wunde und, wie Agathon sagt, unsere Ohnmacht Gott hinhalten, dann kann gerade unsere Sexualität zum Einfallstor für Gottes Gnade werden und zur Quelle des Lebens für andere. Eine Schwester erzählte mir, daß sie in der Zeit, in der sie mit Selbstbefriedigung zu kämpfen hatte, intensiver beten konnte und eine lebendigere Gottesbeziehung hatte als jetzt, da sie zwar frei ist von sexuellen Versuchungen, aber auch in ihrem religiösen Leben fad und trocken geworden sei, ohne Schwung und Kraft. Das heißt nicht, daß wir einfach alles laufen lassen, sondern daß wir uns von unserer Sexualität immer wieder auf Gott verweisen und von ihr unsere Beziehung zu Gott befruchten lassen. Wir können es uns nicht aussuchen, wie sich unsere Sexualität regt. Die einen haben Probleme mit Selbstbefriedigung, die andern nicht. Die einen träumen ständig vom Leben mit einem Partner, für die andern ist das kein Problem. Uns steht das Urteil nicht zu, was besser ist. Wir sollen unsere Veranlagung in den Dienst Gottes stellen, unsere Wunde und unsere Kraft von Ihm verwandeln lassen, dann kann beides zur Quelle des Lebens werden.

Ein Weg, die Sexualität zu integrierern, ist der Weg über ein intensives Leibbewußtsein. Wenn ich mich in meinem Leib lebendig fühle, dann ist die Sexualität in alle meine Sinne und in den ganzen Leib eingeflossen. Und ich brauche mich nicht nach genitaler Sexualität zu sehnen. Der Wunsch mancher Eheloser nach sexuellem Kontakt ist ja oft Ersatz für ungelebtes Leben, für den ungelebten Leib. Leibbewußtsein entwickeln, das heißt erst einmal, sich in seinem Leib zu spüren, seine Haut wahrzunehmen, seine Sinne, den Innenraum. Eutonische Übungen können da eine Hilfe sein, sich in seinem Leib zu spüren. In solchen Übungen geht man den Leib Schritt für Schritt durch, fühlt sich hinein, wie weit man dort lebendig ist oder verkrampft und tot. Und in einem zweiten Schritt kann man seinen Leib dann durch positive Körperbilder neu erleben. So ein positives Körperbild ist etwa der Tempel Gottes. Wenn ich mich unter diesem Bild betrachte, dann wird in meinem Leib alles weit und schön. Oder wenn ich mir vorstelle, daß Gottes Geist mich in meinem Atem durchdringt, dann kann ich meinen Leib als transparent für Gottes Lebendigkeit erleben. Sexualität ist eine positive Kraft, die den ganzen Leib lebendig hält und ihn hinordnet auf eine Person. Die Körperbilder der Bibel ordnen unsern Leib auf Gott hin und verwandeln ihn so.

Umgekehrt ist mangelndes Leibbewußtsein gerade bei jungen Menschen immer ein Zeichen, daß sie ihrer Sexualität noch nicht begegnet sind und daß sie so auf einem brodelnden Vulkan sitzen, den sie noch gar nicht kennen. Die Sexualität annehmen geht nicht zuerst über moralische Appelle, sondern über die Versöhnung mit seinem Leib, über ein Sich-hinein-Spüren in den Leib. Die Körpersprache mancher Eheloser verrät, daß ihr Sprechen von Keuschheit und erfüllter Ehelosigkeit auf tönernen Füßen steht. Ihr Leib widerspricht ihren Worten. Verdrängte Sexualität zeigt sich oft in steifen Hüften, in denen man den Oberkörper vom "gefährlichen" Unterleib abschneidet, aus Angst, da könnte etwas Unbeherrschbares in uns eindringen. Rückenschmerzen sind oft ein Zeichen, daß Gefühle nicht zugelassen werden. Ungelebte Gefühle setzen sich dann im Rücken fest. Verdrängte Sexualität kann sich auch in Kopfschmerzen äußern. Wir sollen nicht ängstlich analysieren, wo sich bei uns die verdrängte Sexualität äußern könnte, sondern vielmehr versuchen, uns liebevoll in unsern Leib hineinzuspüren und ihn wohlwollend anzunehmen. Dann wird das Ziel der Sexualität erreicht, die größere Lebendigkeit und die offenere Hinordnung auf den andern, ein Präsentsein im Leib gegenüber dem, der uns begegnen möchte.

Die Sexualität soll nicht nur sublimiert, d.h. in den Dienst höherer Werte gestellt werden, etwa in den Dienst des Gebetes oder der Arbeit für andere. Es geht vielmehr um eine Integration.

"Bei dieser Haltung wird die sexuelle Bestimmtheit in all ihren Dimensionen innerlich bejaht und so geordnet, daß sie eine mit der eigenen Lebenswahl übereinstimmende Bedeutung gewinnt."[15]

Die Integration kann sich im Leib äußern, in der Herzlichkeit andern gegenüber und in der Art und Weise, wie man sich auf den Gottesdienst, auf die Natur, auf eine Arbeit einläßt. Entscheidend aber ist, daß die Sexualität eine innere Bestimmtheit von guten menschlichen Beziehungen wird.

Was hier von der Integration der Sexualität durch den Ehelosen gesagt ist, gilt in gleicher Weise auch für Homosexuelle. Homosexualität allein ist noch kein Hindernis, als Priester oder im Orden ehelos zu leben. Aber der Homosexuelle kann seine Sexualität genausowenig genital ausleben wie der Heterosexuelle. Auch er hat die Aufgabe, sie zu integrieren, indem er sie in Herzlichkeit im Umgang mit den Menschen und in Gottessehnsucht umwandelt. Homosexuelle haben oft sehr viel Wärme und Mütterlichkeit in sich. Wenn ihnen die Integration gelingt, wird dadurch ihre Beziehung zu Gott und zu den Menschen lebendig und herzlich. Mangelnde Integration führt dagegen zu Weichlichkeit und Sentimentalität, zur Verachtung der Frau und zu einem ständigen Kreisen um Zuwendung und Bestätigung. Auch die Unfähigkeit, Konflikte durchzustehen und fair zu streiten, rührt daher. Die Veranlagung zur Homosexualität scheint heute zuzunehmen. Die Gefahr beim homosexuellen Ehelosen ist sicher, daß bei ihm eine unbewußte Erwartung und Erlaubnis zur Betätigung seiner Sexualität bei seiner Berufung zur Ehelosigkeit mitspielen kann. Wenn diese unbewußte Erwartung nicht klargestellt wird, geht es sicher nicht gut. Außerdem bietet eine Ordensgemeinschaft zwar Schutz vor heterosexuellen Beziehungen, aber zugleich eine Gelegenheit für homosexuelles Verhalten. Daher muß sich der homsexuell oder auch nur homophil veranlagte Ehelose klar darüber sein, daß es für ihn keine homosexuellen Kontakte geben darf, daß er sich seine unbewußten Wünsche bewußt machen und seine Energie für die Verwandlung und Integration seiner Sexualität in herzliche Beziehungen zu Menschen und in eine lebendige und vom Eros geprägte Gottesliebe einsetzen muß.

3. Das Zulassen menschlicher Liebe

Nicht der Wunsch nach sexuellen Kontakten ist das eigentliche Problem der Ehelosen, sondern der Wunsch nach Lieben und Geliebtwerden, nach Freundschaft und Intimität. Die Ehelosigkeit kann auch nur erfüllt gelebt werden, wenn jemand in guten menschlichen Beziehungen steht. Früher waren Privatfreundschaften in Klöstern verpönt, weil man sogleich eine Spaltung der Gemeinschaft befürchtete und homosexuelle Beziehungen vermutete. Heute ist diese Haltung einer positiveren Sicht von Freundschaft unter Ehelosen gewichen. Unser Abt meinte in einer geistlichen Konferenz, jeder müßte die Frage, ob er im Kloster einen Freund habe, positiv beantworten. Denn eine Freundschaft, in der er alles sagen kann, was ihn bewegt, ist für seine persönliche Reifung wie für sein geistliches Leben von entscheidender Bedeutung. Ohne Freundschaft gerät ein Mönch leicht in Isolation oder er flüchtet sich in viele oberflächliche Kontakte oder in funktionale Kontakte wie geistliche Begleitung, bei denen er aber selbst sich nicht zu öffnen braucht. Ohne wirkliche Begegnung und ohne Zulassen von Nähe und Intimität in einer guten Freundschaft vertrocknet aber auch leicht das geistliche Leben. Den Wert der Freundschaft haben in der christlichen Tradition viele besungen. Dabei wird vor allem die Freundschaft zwischen Männern gepriesen. Aber das Lob gilt in gleicher Weise auch der Freundschaft zwischen Frauen. Augustinus hat zeit seines Lebens von solchen Freundschaften gelebt. Und so sagt er über den Wert des Freundes: "Ohne einen Freund kommt nichts in der Welt uns freundlich vor." (Maas 199) Für ihn wird in der Person des Freundes Gott selbst sichtbar. "In seinem Antlitz leuchtet tatsächlich Gottes Antlitz auf. Gottes unsichtbare Liebe bekommt ein menschliches Gesicht, seine unaussprechliche Zärtlichkeit wird im menschlichen Ausdruck greifbar." Augustinus meint, wenn ein Freund uns in unserer Trauer tröstet und zugleich mit uns weint, wenn er uns aufmuntert und erfreut, dann ist in ihm und durch ihn "Er tätig, der durch seinen Geist andere gut macht." (Maas 199)

Im Mönchtum des Mittelalters haben vor allem Anselm vom Canterbury in seinen Briefen an Lanfranc, Bernhard von Clairvaux in seiner Beziehung zu Wilhelm von St. Thierry und Aelred von Rievaulx das Lob der Freundschaft für den Ehelosen gesungen. Aelred hat ein ganzes Buch über die Freundschaft geschrieben. Er meint, "zu leben ohne jemand zu lieben oder von jemand geliebt zu werden, sei unter der Würde des Menschen". (Maas 202) Und er glaubt, daß die Freundschaften im Kloster sogar intensiver werden können als in der Welt. Im Freund erahnt der Mönch etwas von Gott selbst. Aelred schreibt:

"So geht unsere Zuneigung unversehens und ohne daß wir es merken, von der einen Person zur anderen, zu Gott über. Wir verspüren sozusagen aus der Nähe die Güte Christi selber und beginnen zu erfassen, wie sanftmütig zu erfahren, wie liebenswürdig Er ist." (Maas 200)

Freundschaft ist für den Ehelosen auch möglich zwischen Mann und Frau. Die Geschichte zeigt viele Beispiele heiliger Freundespaare, für die ihre Freundschaft kein Gegensatz zu ihrer Gottesliebe war, sondern sie im Gegenteil vertiefte: Da sind Franziskus und Klara, Franz von Sales und Frau von Chantal, Teresa von Avila und Gracian und viele andere mehr. Natürlich darf das Beispiel dieser heiligen Paare nicht als Ausrede für die eigene Freundschaft mit einer Frau gelten, vor allem dann nicht, wenn diese Freundschaft nicht transparent ist für Gott. Vorsichtig bin ich auch immer, wenn ein Priester und eine Ordensschwester ihre Freundschaft in allzu geistigen und geistlichen Tönen preisen. Da wird oft die sexuelle Anziehung verdrängt und die ganz vitalen Bedürfnisse nach der Liebe eines Partners nicht eingestanden. Und eine gute Freundschaft zwischen ehelosen Männern und Frauen bedarf der Ehrlichkeit und Wachheit, nicht der Ängstlichkeit und Enge. Freundschaft ist immer ein Geschenk, das einem zufällt, das Gott selbst uns gibt. Wenn einer seine Einsamkeit nicht aushält und sich deshalb eine Freundin oder einen Freund sucht, dann ist das kein tragbares Fundament für eine gute Freundschaft. Aber wenn sich ehelose Männer und Frauen angezogen fühlen und auf einmal ihre Liebe zueinander entdecken, dann ist das zugleich auch eine große Chance, die eigene Sexualität in einer nicht-sexuellen Freundschaft in gesunder Weise zu leben. In der Freundschaft kann die Liebe eines Mannes oder einer Frau in uns viel Versteinertes zum Leben bringen und Verhärtetes aufweichen.

Die Märchen sprechen in vielen Bildern von dieser verwandelnden Kraft menschlicher Liebe. Diese Liebe muß nicht rein geistig sein, sie darf sich von einer gesunden Erotik nähren lassen. Unsere geistige Liebe ist oft so kraftlos, weil sie von der sinnenhaften Erotik geschieden ist. Fortmann meint, die Geschichte der Aszese, die oft von einem geschlechtslosen Lebenswandel geträumt hat, ist auch "eine Geschichte sterbender Erotik, zugleich eine Geschichte lauernder Begierden". (Maas 137) Wenn unsere Liebe zum Freund oder zur Freundin von der Erotik gespeist ist, kann sie uns auch durch den andern näher zu Gott führen. Denn die Freundschaft "sucht den anderen, sofern er von Gott herkommt und seine Intimität in der Gottes gegründet ist. So verbirgt sie sich im Geheimnis Gottes, der die Liebe ist. Die christliche Freundschaft wird zu einer ganz neuen Intimität vertieft, zur Intimität Christi, des Wortes Gottes, der Offenbarung der Intimität des dreieinigen Gottes" (Neefs in: Maas 201)

Die Freundschaft darf nicht zu einem Kleben am andern werden, sondern muß auch die Distanz kennen, damit der andere wirklich für Gott durchlässig wird und nicht zu einem Ersatz für Gott. Ein Kriterium für echte Freundschaft ist immer das Gebet. Wenn ich da allein vor meinem Gott sein kann, wenn da die Gegenwart Gottes alles andere zurückdrängt, dann hat mich die Freundschaft zu Gott geführt. Dabei gibt es verschiedene Wege. Ich kann im Gebet den Freund betrachten und meine Gefühle ihm gegenüber, die vielleicht stärker sind als die Gott gegenüber. Und ich kann dann durch den Freund und durch die Gefühle hindurch zu Gott vorstoßen, auf den meine letzte Sehnsucht geht. Oder aber ich kann nur auf Gott schauen, mich von ihm lieben lassen, so daß in diese intime Zwiesprache niemand Zutritt hat. Das absichtslose Gebet, in dem ich allein mit meinem Gott bin, muß zumindest möglich sein. Sonst kann ich das Gebet leicht zu einer Art Beschäftigung mit dem Freund umfunktionieren und dann nicht zum wirklichen Gott als dem eigentlichen Du vordringen. Beide Wege sind legitim.

Wie auch der Ehelose den Reichtum ganzheitlicher Begegnung erfahren kann, hat mein Freund Wunibald Müller sehr schön in seinem Buch "Intimität" beschrieben. Er meint, daß die Sexualität die positive Erfahrung von Intimität in der Freundschaft zwischen Ehelosen zerstören kann.

"Ich habe versucht, deutlich zu machen, wie wichtig die Grunderfahrung von Intimität, die Befähigung zur Nähe, das Zulassen des Sich-Verliebens und das Waltenlassen des Eros in meinem Leben ist, um mein Leben zur Entfaltung zu bringen und mich beziehungsfähig zu machen. Wenn diese Erfahrungen und Prozesse ausbleiben, kann es passieren - und da auch bei zölibatär lebenden Menschen -, daß die Sexualität bzw. das Verlangen danach zur Ersatzbefriedigung für die eigentlich ersehnte Intimitätserfahrung wird. So mag sich mancher auf genitale sexuelle Beziehungen einlassen, da er nie Intimität erfahren hat."[16]

Und Müller plädiert dafür, dem Eros in sich Raum zu geben, der nicht nur in den menschlichen Beziehungen, sondern auch in die Beziehung zu Gott "Buntheit, Sinnlichkeit und Leben" bringt. Nach Sokrates hat der Eros

"in sich den Drang nach Heilung und Gesundheit. Er ist die psychische Energie, die uns antreibt, der es darum geht, daß wir wachsen, uns ausstrecken, Bindungen, Verknüpfungen mit anderen und anderem herstellen; daß wir uns nicht mit dem zufriedengeben, was da ist, sondern uns aufmachen in der Suche nach dem Schönen und Schönerem, der Wahrheit." (Ebd.65)

Wenn der Eros in unsere Beziehung zu Gott einfließt, wird er unser unruhiges Herz immer näher zum Du Gottes führen, bei dem unsere Sehnsucht nach wahrer Intimität erfüllt wird. Doch da in manchen Klöstern der Eros aus Angst vor der Sexualität verbannt wurde und nun flügellahm auf der Klostermauer sitzt, ist auch die Spiritualität dort oft erlahmt und eingetrocknet. Die erotische Erfahrung im menschlichen Miteinander will und soll uns zur mystischen Erfahrung Gottes führen. Aber wirkliche Mystik bedarf auch wirklicher Erotik. Viele Mystiker haben uns das vorgelebt, etwa Teresa von Avila in ihrer

Beziehung zu Gracian. Wenn wir im Sprechzimmer bei einem Beichtgespräch mit einer Frau erotisch angesprochen werden, brauchen wir keine Angst zu haben. Wenn wir den Eros in Aufmerksamkeit und Liebe verwandeln anstatt heimliche Sehnsüchte zu nähren, wird der Eros das Gespräch bis zur Erfahrung einer ganz dichten Gegenwart Gottes führen können. Wir können dann etwas erahnen von der Qualität menschlicher Begegnung und menschlichen Sprechens, wie es uns das berühmte Gespräch Augustins mit seiner Mutter Monika und Benedikts mit seiner Schwester Scholastika vor Augen führen. Das Gespräch wird transparent auf Gott hin und wir erfahren - wie Benedikt und Scholastika - , daß anima und animus sich berühren und darin Gott selbst. Die erotische Begegnung von anima und animus ist für Papst Gregor den Großen in seiner Beschreibung der Begegnung zwischen Benedikt und Scholastika die Bedingung für mystische Erfahrung und zugleich eine Einführung in die kosmische Vision, in der Benedikt sich eins mit Gott und mit dem ganzen Kosmos fühlt.

Neben der Freundschaft ist die Gemeinschaft eine gute Hilfe, die Ehelosigkeit erfüllt zu leben. In der Gemeinschaft des Klosters oder einer Priester- oder Seelsorgsgemeinschaft erfährt der einzelne Geborgenheit und Halt. Hier darf er daheim sein, sich zugehörig fühlen. Hier darf er sich geben, wie ihm zumute ist. Daheim ist man dort, wo man auch mal ungeschützt sagen darf, was man denkt, und wo man nicht immer in Höchstform sein muß. Gemeinschaft ist aber zugleich auch eine Bindung, die der Seele gut tut. Denn viele ehelose Priester sind ruhelos und hüpfen von einer Geborgenheit zur andern und erfahren sie doch nirgends. Die Bindung an eine Gemeinschaft bewahrt vor dem Herumvagabun-

dieren und bindet den Menschen nicht nur an andere, denen er sich stellen muß, sondern letztlich auch an Gott. Die Gemeinschaft ist eine Chance, sich im Spiegel seiner Brüder oder Schwestern selbst kennen zu lernen, in seinen Eigenheiten abgeschliffen zu werden und Sensibilität zu entwickeln für andere. Die Gemeinschaft bewahrt vor der Ausformung zum typischen Junggesellen, der sich unmöglich benimmt und gar nicht merkt, wie er allen auf die Nerven geht. Wer in der Gemeinschaft lebt, bleibt in Bewegung. Er erfährt immer wieder Kritik und wird so gezwungen, an sich zu arbeiten. Vor allem erlebt er sich als sehr menschlich und wird von seinen Brüdern und Schwestern davor bewahrt, von der Wirklichkeit seines Alltags abzuheben. Manche alleinstehenden Priester werden ja von ihrer Gemeinde als Objekte ihrer Projektionen benutzt, entweder ihrer verherrlichenden oder vernichtenden Projektionen. Beides kann zur Gefahr werden, sich mit der Projektion der anderen zu identifizieren und von ihr her zu leben anstatt aus der eigenen Wahrheit. Mitbrüder und Mitschwestern sind selten davon überzeugt, daß einer/e aus ihrer Gemeinschaft heilig sei. Der alltägliche Umgang führt in die Wahrheit und zugleich in die Demut als den Mut, diese Wahrheit auch anzuerkennen.
Die Gemeinschaft ist aber zugleich auch Schutz. Wer sich nirgends geborgen fühlt, der sucht, irgendwo unterzuschlüpfen, nur damit er sich nicht allein fühlt. Und was liegt für den Mann näher als bei einer Frau unterzuschlüpfen, und für die Frau, sich an einen Mann anzulehnen? Doch wer nur unterschlüpfen will, wird nie echte Freundschaft erfahren. Der Wunsch nach Geborgenheit kann einen sehr schnell in sexuelle Beziehungen bringen. Das eigentliche Problem

ist dann nicht die Sexualität, sondern das Alleinsein. Aber oft entstehen dann sexuelle Verstrickungen, die beiden nicht gut tun, weil beide sie nicht öffentlich leben können, und nicht, ohne ihrer eigentlichen Berufung untreu zu werden. Uns steht auch da kein Urteil zu. Ich für meine Person weiß, daß ich für mich nicht garantieren könnte, wenn ich allein in einer Pfarrei Seelsorger wäre. Für mich ist die Gemeinschaft eine große Hilfe, meine Ehelosigkeit im Dienst an den Menschen und als Raum der Offenheit für Gott zu leben. Und für viele alleinstehende Priester wären kleine Gemeinschaften ein großer Segen. Aber allzu oft finden sich unter den Priestern Einsiedler und Einzelgänger, die die Gemeinschaft der andern gar nicht suchen, ja die in der typischen invidia clericalis, im klerikalen Neid auf die andern sehen, ob die mehr Erfolg haben als sie. Daß in solcher Situation nicht die Gemeinschaft der Mitbrüder, sondern eine Frau sich als Ort des Daheimseins anbietet, ist nur allzu verständlich.

Natürlich gibt es genügend Ordensgemeinschaften, die für den einzelnen mehr eine Last sind als eine Quelle des Lebens. Das kommt oft von der Unfähigkeit, wirklich Beziehung einzugehen und Begegnung zu wagen. Wenn da einer den andern nur kontrolliert, wird sich jeder seine menschlichen Kontakte außerhalb suchen. Es ist heute eine wichtige Aufgabe der klösterlichen Gemeinschaften, eine Form des Miteinanders zu finden, in der einer dem andern auf reife Weise begegnet, in der einer dem andern den Raum zum Atmen läßt, in der jeder sich öffnen, sich wohlfühlen, daheim sein kann. Damit eine solche Gemeinschaft gelingt, ist es notwendig, alles, was man hat, in die Gemeinschaft einzubringen, wirklich sein Leben mit den Brüder und Schwestern zu teilen, seine Gedanken und Gefühle, seine Stärken und Schwächen, seine Sehnsüchte und Ideale. Damit sich einer in der Gemeinschaft wirklich daheim fühlen kann, muß auch Raum sein dürfen für die Schwächen und Grenzen des einzelnen. Henry Nouwen hat einmal gesagt: alles, was einer Gemeinschaft entzogen wird, schwächt ihre Lebendigkeit. Und gerade die Schwächen, die verschwiegen werden, fehlen der Gemeinschaft in ihrer Vitalität. Nach Benedikt sollte die Gemeinschaft so sein, daß die Starken herausgefordert und die Schwachen nicht entmutigt werden. In einer solchen Gemeinschaft entstehen dann auch gute Beziehungen untereinander und man braucht sich nicht ständig vor Privatfreundschaften zu fürchten. Jede gute Freundschaft innerhalb der Gemeinschaft wird alle miteinander befruchten. In diesem Miteinander von Gemeinschaft und Freundschaft wird die Ehelosigkeit in einer positiven Weise gelebt werden und die Sexualität ist darin mit ihrer belebenden Kraft integriert. Die Erfahrungen von Eheleuten und von Ehelosen in guten Gemeinschaften unterscheiden sich dabei kaum. Natürlich wird die Sexualität in einer Ehe anders gelebt. Aber die eigentliche Intention der Sexualität, die Hinordnung auf das Du, wird auch in der klösterlichen Gemeinschaft erfüllt.

4. Das Zulassen von Gottes Liebe

Kein Mensch kann ohne Liebe leben. Nur wer geliebt wird, kann lieben. Nur wer von seinen Eltern geliebt worden ist, ist fähig, einen Ehepartner zu lieben und sich von ihm lieben zu lassen. Der Ehelose verzichtet auf die Liebe eines Ehepartners, aber er lebt nicht ohne Liebe, er lebt nicht, ohne geliebt zu werden. Er verzichtet auf die Liebe des Ehepartners, um sich um so mehr Gottes Liebe zuzuwenden. Gottes Liebe kann mich zwar auch durch den Ehepartner erreichen, ja die Liebe des Ehepartners kann zum Sakrament für die Liebe Gottes werden, sie kann also sichtbares Zeichen für die unsichtbare Liebe Gottes sein. Das ist ihre höchste Würde. Doch der Ehelose wählt einen andern Weg. Er verzichtet auf die Vermittlung von Gottes Liebe durch einen Menschen, um die Liebe Gottes selbst an sich zu erfahren.

Freilich muß man hier vorsichtig sein. Das menschliche Du des Ehepartners wird für den Ehelosen nicht einfach durch das göttliche Du ersetzt. Göttliches und menschliches Du stehen nicht auf derselben Ebene. Die Sehnsucht nach einem menschlichen Du bleibt bestehen, auch wenn wir unser Herz ganz auf Gott richten. Wir dürfen göttliches und menschliches Du nicht gegeneinander ausspielen. Die Liebe zu Gott verändert die Beziehung zum Du. Wir erwarten nicht mehr alle Geborgenheit nur von einem Menschen. Der Mensch wird vielmehr zu einem Zeichen für die absolute Geborgenheit, die Gott allein uns zu schenken vermag. Und der Ehelose richtet seine Liebe nicht ausschließlich auf einen Partner, sondern entgrenzt sie in die vielen Du's, denen er sich zuwenden will. Freilich bedarf auch der Ehelose gesunder freunschaftlicher Beziehungen zu einem oder zu ein paar wenigen Menschen. Die Entgrenzung der Nächstenliebe auf alle kann sie zugleich auch zerstören. Wir brauchen die konkrete Erfahrung, daß uns einer mag und daß wir den andern mögen, daß wir ihm unser Herz öffnen können und er uns versteht. In analoger Weise dürfen wir jedoch schon sagen, daß das göttliche Du für den Ehelosen das menschliche Du des Ehepartners ersetzt. Wir können die Ehelosigkeit nur gut leben, wenn wir bei Gott unser Bedürfnis nach Zuwendung und Liebe, nach Zärtlichkeit und Geborgenheit erfüllt bekommen. Im absichtslosen Gebet sollten wir es zulassen, daß Gott uns liebt. Wir müssen dann gar nichts leisten. Wir setzen uns einfach hin und stellen uns vor, daß Gott uns wohlwollend anschaut und daß sein liebender Blick alles in uns durchdringt. Hilfreich kann es dabei sein, wenn wir uns in die Sonne setzen oder zumindest zum Licht hin. Wir schließen dann die Augen und halten unsern Leib dem Licht hin. Wir stellen uns vor, wie mit dem Lichtstrahl Gottes liebender und wärmender Blick den ganzen Leib durchdringt, angefangen von den Wangen, die vielleicht hart geworden sind, über den Hals, in dem ein Kloß steckt, in die Schultern, in denen wir uns festhalten, in den Brustraum, der licht wird und warm, wenn wir Gottes Liebe da eindringen lassen. So können wir den ganzen Leib durchgehen und Gottes Liebe gerade an die Stellen halten, die wir selbst nicht gerne anschauen, in denen wir uns vor uns selbst verschließen. Dann kann alles in uns lebendig werden, in Beziehung zum liebenden Gott kommen.

Daß Gott das Du ist, das meine tiefste Sehnsucht nach Liebe erfüllt, kann ich erahnen, wenn ich das Gebet als Ort der Intimität erfahre. Ich sage

Gott, was ich sonst nur dem geliebten Partner sagen würde, mit Worten, die aus dem innersten Herzen kommen und für andere vielleicht kindisch und peinlich wirken würden. Ich würde mich auf jeden Fall vor andern genieren. Es sollen Worte der tiefsten Sehnsucht und Liebe sein, die den geschützten Raum des Gebetes brauchen. Wenn ich Gott wirklich das sage, wonach ich mich im Tiefsten sehne und was mein Herz wirklich bewegt, dann wird etwas in mir lebendig. Es strömt etwas in meinem Herzen. Es wird mir warm ums Herz. Und dann erfahre ich Gott als den, vor dem ich mein Herz ausschütten und vor dem ich sein darf, wer ich wirklich bin. Vor Ihm fühle ich mich dann daheim, wie sonst ein Mann sich bei seiner Frau daheimfühlt. Die Frage gelungener Ehelosigkeit ist für mich eine Frage nach meiner wahren Heimat. Wo fühle ich mich daheim? Dort, wo ich mich gut eingerichtet habe? Dort, wo liebe Menschen sind, mit denen ich mich unterhalten kann? Oder fühle ich mich wirklich bei Gott daheim? Ehelosigkeit wird nur gelingen, wenn ich mich vor Gott daheim fühle. Daheim sein kann man nur, wo das Geheimnis wohnt. Auch bei Menschen kann man sich nur daheim fühlen, wenn ich im Miteinander etwas von einem Geheimnis spüre, das uns beide übersteigt. Das Gebet ist für mich der Ort, wo ich in Berührung komme mit dem Geheimnis Gottes. Diesem Gott kann ich alles sagen, was mich bewegt. Ich fühle mich verstanden. Und dieser Gott ist es, zu dem meine tiefste Sehnsucht geht. Die Freundschaft zu Menschen, die mich emotional oft tiefer anrührt als meine Gottesliebe, kann mir dabei eine Hilfe sein, intensiver zu beten. Ich spüre in die Gefühle der Freundschaft hinein und durch sie hindurch und erahne auf dem Grund der Gefühle etwas von meiner intimsten Sehnsucht nach dem Gott, der mich liebt. Eine Hilfe kann dabei sein, Gott laut zu sagen, was ich denke und fühle. Zunächst erscheint es mir vielleicht fremd, mich selbst zu hören. Aber indem ich hörbar bete, komme ich bald zu dem, was mich wirklich berührt. Mein Vorrat an frommen Formeln ist bald erschöpft und ich berühre die Wahrheit und Wirklichkeit meines Lebens vor Gott.

Das laute Beten kann ein Ort sein, da ich mich vor Gott daheim fühle. Es kann aber auch das schweigende Horchen auf Gott in meinem Innern sein. Ich lenke meinen Geist nach innen und ahne, daß Gott selbst als das Geheimnis in mir wohnt. Und weil Er in mir wohnt, kann ich es bei mir aushalten. Ich stoße eben nicht nur auf die eigenen Probleme. Wenn ich nur mit mir konfrontiert wäre, würde ich bald davonlaufen. Aber weil Gott als das Geheimnis in mir wohnt, kann ich bei mir daheim sein. Es wird nie langweilig. Denn dieser Gott in mir ist der Schöpfer der Welt, der, der Worte intimster Liebe zu mir gesagt hat und sagt. Die höchste Form des Daheimseins ist dabei die Anbetung. Ich falle vor diesem Gott nieder, weil Er Gott ist. Indem ich niederfalle und mich selbst vergesse, bin ich angekommen, daheim. Ich ahne etwas von der Freiheit, nicht mehr um mich kreisen zu müssen. Gott ist so wichtig, daß es nicht um meine Gefühle und nicht um meine Probleme geht. Ich falle einfach vor Ihm nieder. Wenn Gott mir so hautnah ist, wenn er mich in der Gebärde der Anbetung so tief ergreift, daß alles andere verblaßt, dann bin ich wirklich daheim, dann bin ich ganz da. So ist die Anbetung der Ort, an dem der Ehelose sein Daheimsein am intensivsten spüren kann. Und sie sollte auch der Ort sein, an dem er seine Heimat sucht, und nicht in tausend Kontakten, in denen er vor seiner Einsamkeit davonläuft.

Wir haben davon gesprochen, daß jeder Mensch in sich männliche und weibliche Züge trägt. Das gilt jedoch auch für Gott selbst. Nach dem AT sind Mann und Frau nach dem Bild Gottes geschaffen, d.h. Mann und Frau zeigen erst zusammen das wahre Bild Gottes. Der Mann "repräsentiert Gottes Liebe, sofern sie Kraft, Beharrlichkeit, Treue ist."[17] Die Frau drückt einen andern Aspekt an der Liebe Gottes aus. Sie stellt die Güte und Zärtlichkeit Gottes dar, seine Barmherzigkeit, seine liebende Sorge. So wie der Mann in sich das Bild der Frau trägt, so auch das Bild Gottes, das die Frau zum Ausdruck bringt. Und umgekehrt entdeckt auch die Frau in sich das Bild des väterlichen und männlichen Gottes. Der Ehelose soll nicht nur die gegengeschlechtlichen Züge in sich ausprägen, sondern gerade auch das Bild Gottes sich bewußt machen, das dem gegengeschlechtlichen Pol entspricht. So wird der Ehelose innerlich ins Gleichgewicht gebracht und gehalten. Dann läßt uns die Ehelosigkeit Gott in seinem ganzen Reichtum erfahren, seine Liebe mit all den männlichen und weiblichen Aspekten.

Das Zulassen der Liebe Gottes ist das erste. Als Antwort auf diese Liebe aber muß der Mensch an sich selbst arbeiten, um diese Liebe erwidern zu können. Die Mönche nannten als Bedingung, Gott lieben zu können, die Reinheit des Herzens.[18] Der Mönch muß frei sein von allen egoistischen Trieben, von Fehlhaltungen, von falschen Wünschen und Tendenzen. Die Reinheit des Herzens ist die psychologische Bedingung, in der Liebe Gottes leben zu können. Ohne die Reinheit des Herzens wird die Liebe Gottes für uns nicht erfahrbar. Und wenn wir Gottes Liebe nicht erfahren, wird unsere Beziehung zu Ihm oft langweilig, leer und ohne Schwung. Der Kampf mit den Leidenschaften ist daher für die Mönche die Bedingung, mit ganzen Herzen und ganzer Seele in der Gegenwart Gottes leben und Gottes Liebe erfahren zu können. Die Askese steht also im Dienst der Gottesbegegnung. Sie hat nicht die moralische Vollkommenheit als Ziel, sondern die Begegnung mit Gott. Sie ist nicht moralisierend, sondern mystagogisch, das heißt, sie führt ein in das Geheimnis Gottes und dadurch auch in das Geheimnis des Menschen, der von Gott geliebt und durch Jesus Christus erlöst und geheilt worden ist. Dieses mystagogische Verständnis von Spiritualität gilt auch für die Ehelosigkeit. Sie ist nicht in erster Linie als Verzicht und asketische Leistung verstanden, nicht als moralisch höherstehenderes und angeblich vollkommeneres Leben, sondern als Freisein für Gott, als radikal auf Gott Bezogensein mit Leib und Seele. Aller Kampf mit den Fehlhaltungen und das Ringen mit der eigenen Sexualität zielen allein auf eine größere Offenheit und Verfügbarkeit für Gott. Die Mönche nannten es *vacare deo*, frei sein für Gott, leer sein, damit Gott uns anfüllen kann mit Seiner Liebe.

Zwischen dem Bemühen des Menschen und der einladenden Liebe Gottes besteht ein Wechselverhältnis. Der Ehelose versucht die Reinheit des Herzens durch die Auseinandersetzung mit den Leidenschaften zu erringen, um so Gottes Liebe immer und überall erfahren und um selbst Gott mit ganzen Herzen und ganzer Seele lieben zu können. Aber dieses Bemühen läuft ins Leere, wenn ihm nicht die Liebe Gottes vorausgeht. Sie muß den Menschen erst dazu einladen, sich um die Reinheit des Herzens zu mühen und in ihr frei zu werden für Gott. Aber auch wenn der

Mensch der Einladung Gottes folgt und sich um die Reinheit des Herzens bemüht, kann er sie nicht aus eigener Kraft erringen. Sie ist immer Geschenk der Gnade Gottes. Das reine Herz, das nicht mehr durch egoistische Wünsche und Bedürfnisse getrübt ist, kommt in Gott zur Ruhe. Der Mönch muß sich nicht ständig anstrengen und Gefühle der Liebe zu Gott entwickeln, sondern er kommt mit seinem Herzen in Gott zur Ruhe, er wird in seinem Herzen eins mit Gott. Seine Sehnsucht ist gestillt, er ergibt sich dem Gott, der ihn liebt. Sein Ruhen in Gott wird nicht mehr durch Zerstreuung gestört. Ohne Zerstreung beten zu können, ist für Evagrius Ponticus die Vollendung des Gebetes und zugleich das Höchste, was ein Mensch überhaupt erreichen kann.

"Gibt es denn etwas, das besser ist, als ein inniger Umgang mit Gott und höher, als ganz in seiner Gegenwart zu leben? Ein Gebet, das durch nichts mehr abgelenkt wird, ist das Höchste, das der Mensch zu Wege bringt."[19]

Das Gebet ist die größte Gabe Gottes an den Menschen. Aber der Mensch kann nur ungestört beten, wenn er zuvor sein Herz von allen Leidenschaften gereinigt hat. Das vollkommene Gebet verlangt die beständige Reinheit des Herzens. Evagrius identifiziert das reine Gebet mit der Nachfolge Christi. In ihm besteht das Ziel des christlichen Lebens:

"Geh, verkaufe, was du hast, und gib das Geld den Armen, nimm dein Kreuz auf dich, damit du, ohne abgelenkt zu werden, beten kannst."[20]

Um dieses Gebetes willen verzichtet der Mönch auf die Ehe, gibt er alles her, um frei zu sein für Gott, der im Gebet alle seine Sehnsucht erfüllt. Ehelosigkeit besteht nicht nur darin, die Liebe

Gottes zuzulassen und in ihr beständig zu leben, sondern auch darin, unsere menschliche Liebe zu Gott zuzulassen. Wir brauchen uns nicht dazu zu zwingen, Gefühle der Liebe für Gott aufzubringen. Denn tief in unserem Herzen ist schon eine Ahnung dieser Liebe. Wir brauchen nur mit Augustinus unsere Liebe zu den Menschen und zur Schöpfung zu Ende zu denken, dann werden wir auf Gott als letztes Ziel unserer Liebe stoßen. In uns ist eine tiefe Sehnsucht, die allein in Gott zur Ruhe kommen kann. Wenn wir die Musik lieben, oder die Schönheit eines Bildes oder einen Freund, immer steckt in solcher Liebe eine Ahnung von Gott als dem, dem letztlich unsere Liebe gilt.

"Was aber liebe ich, da ich dich liebe? Nicht Körperschönheit, nicht Glanz der Welt, nicht strahlend helles Licht des Tages, was dem Auge so lieb ist; nicht süße Melodie formenreicher Lieder, nicht Wohlgeruch der Blumen, Salben und Spezereien; nicht Manna, nicht Honig; nicht liebreizende Glieder, die zu umarmen unser Fleisch sich sehnt. Das alles ist's nicht, was ich liebe, wenn ich dich liebe, meinen Gott. Und doch lieb'ich dich, als wärst du Licht und Melodie und Wohlgeruch und Speise und Umarmung, wenn ich dich liebe, du mein Gott: du Licht und Melodie und Wohlgeruch und Speise und Umarmung meines inneren Menschen!"[21]

Augustinus glaubt also, daß unsere Liebe zu Gott die Erfüllung jeder Liebe ist, die wir zu Menschen, zur Musik, zur Natur spüren. Und unsere Liebe zu Gott will sich ähnlich ausdrücken wie die Liebe zu Menschen. Das meint der Prior von Taizè, Roger Schutz, auch, wenn er über seine Erfahrung der Ehelosigkeit schreibt:

"Um lieben zu können, hat der Mensch nicht allzu verschiedenartige Triebkräfte zur Verfügung. Es sind dieselben affektiven Neigungen, mit denen sich menschliche Liebe oder die Liebe zu Christus ereignet."[22]

Unsere Liebe zu Gott braucht daher Sinnlichkeit und Leibhaftigkeit, sie braucht Intimität und Zärtlichkeit, Eros und die Kraft der Sexualität. Auch die Liebe zu Gott verlangt nach leibhaftem Ausdruck. Das kann etwa in einer Gebetsgebärde[23] geschehen, wenn wir Gott unsere leeren Hände hinhalten, damit Er sie erfülle. Diese empfangende Gebärde kann die Sehnsucht unseres Herzens nach Gottes Liebe ausdrücken, der allein unser Herz zu beruhigen vermag. Eine andere Gebärde kann das Kreuzen der Hände über der Brust sein. Damit drücken wir aus, daß wir etwas Zartes und Kostbares in uns tragen, wie die Frau das Kind in sich trägt. Wenn wir dann mit dem ganzen Oberkörper hin- und herwiegen, kann darin unsere tiefe Sehnsucht nach Geborgenheit und Zärtlichkeit zum Ausdruck kommen. Es ist kein Ersatz für die Geborgenheit des Kindes bei der Mutter, sondern Ahnung davon, daß wir bei Gott die zärtliche Liebe einer Mutter erfahren dürfen. Die intensivste Gebärde, mit der wir unsere Sexualität auf Gott richten, ist die prostratio. Rein äußerlich ist es die gleiche Gebärde wie beim Geschlechtsakt. Das ist sicher nicht zufällig. Indem sich der Mensch mit dem Gesicht zum Boden hinlegt, drückt er aus, daß er mit seinem ganzen Leib und mit der ganzen Kraft seiner Sexualität, die ihn auf ein Du und letztlich auf das göttliche Du verweist, Gott lieben und sich Ihm ergeben möchte. In dieser Gebärde könnte er Psalm 63 beten: "Gott, du mein Gott, dich suche ich, meine Seele dürstet nach dir. Nach dir schmachtet mein Leib wie dürres, lechzendes Land ohne Wasser:" In dieser Gebärde fließt die Kraft unseres Blutes, die Kraft unserer Sexualität in unsere Beziehung zu Gott. Unsere Liebe zu Gott bleibt nicht mehr geschmacklos und langweilig, sie wird vielmehr unser ganzes Herz und unsern ganzen Leib in Gott zur Ruhe kommen lassen.

Andere Weisen, unsere Liebe zu Gott leibhaft auszudrücken, sind zärtliche Berührungen. In der Liturgie darf der Kuß heiliger Gegenstände (Altar, Evangeliar, Stola) die Intimität unserer Liebe öffentlich zeigen. Wenn wir zärtlich eine Blume oder ein Gras berühren, berühren wir darin unseren Schöpfer, der uns liebt. Auch im Streicheln unserer Haut erahnen wir etwas vom Geheimnis unseres Gottes, dessen Tempel wir sein dürfen. Unsere Hände können überall etwas von Gott ertasten, wenn wir nur ganz in unseren Händen sind, wenn wir unsere Sexualität bis in die Fingerspitzen strömen lassen, um mit ihnen unsere Liebe zu Gott auszudrücken.

5. Das Zulassen der Gottesgeburt in uns

Es gibt vor allem zwei Bilder, mit denen die Tradition die Ehelosigkeit zum Ziel kommen läßt: die Brautschaft und die Gottesgeburt. Das Bild der Brautschaft verwendet schon die Hl. Schrift, wenn sie die Kirche die Braut des Lammes nennt, oder wenn Paulus sagt, daß er uns einem einzigen Mann verlobt hat, um uns "als reine Jungfrau zu Christus zu führen". (2 Kor 11,2) Die Brautschaft der Kirche vollendet sich in der jungfräulichen Haltung derer, die um Christi willen auf die Ehe verzichten. Für viele Ordensleute, vor allem für Frauen war und ist das Bild der Brautschaft eine Hilfe, ihre Ehelosigkeit positiv zu füllen. So sagte Edith Stein am Tag ihrer Einkleidung auf die Frage, wie sie sich fühle: "wie die Braut des Lammes". Aber dieses Bild ist nicht für jeden möglich. Männer tun sich damit schwerer. Und auch Frauen können sich nicht immer als Braut Christi fühlen und nicht das ganze Leben hindurch die doch stark emotional geprägte Haltung einer Braut verwirklichen. Wir dürfen uns nicht damit überfordern, ständig Gefühle der Liebe zu Christus entwickeln zu müssen. Brautschaft meint mehr eine seinsmäßige Hinordnung auf Christus. Wem dieses Bild hilft, als Eheloser in intimer Liebe zu Christus zu leben, der soll es dankbar als Interpretation seines Lebens übernehmen.

Ein anderes Bild, das weniger emotional gefärbt ist, ist das der Gottesgeburt. Aber auch hier wird ein Begriff, der sonst wesentlich mit der Sexualität verbunden ist, auf unsere Beziehung zu Gott angewandt. Die frühe Kirche versteht die Jungfrau, die das göttliche Kind gebiert, nicht nur als

Geheimnis Mariens, sondern als Geheimnis jedes Christen. Jeder Christ wird in seiner Seele Mutter Christi. Die christliche Mystik nimmt dieses Thema auf und fordert uns auf, selbst zur Jungfrau zu werden, die Christus in sich gebiert. Jungfrauschaft kommt erst in der Mutterschaft zur Vollendung. Dieses Paradox Mariens gilt auch für das geistliche Leben. So sagt Angelus Silesius:

"Die Jungfrauschaft ist wert, doch muß sie Mutter werden. Sonst ist sie wie ein Plan von unbefrucht'ter Erden."[24]

Das Bild der Gottesgeburt wurde vor allem von der deutschen Mystik im 14. Jahrhundert entfaltet. Johannes Tauler spricht von der Gottesgeburt in unserem Seelengrund. Seelengrund ist die eigene Tiefe, die innere Mitte, jenseits von Verstand und Gefühl. Meister Eckehart nennt es Seelenfünklein. Für ihn ist es der Ort des reinen Schweigens, in dem die Gottesgeburt geschieht: Im innersten Wesen der Seele, im Fünklein der Vernunft, geschieht die Gottesgeburt. In dem Reinsten, Edelsten und Zartesten, was die Seele zu bieten vermag, da muß es sein: in jenem tiefsten Schweigen, dahin nie gelangte eine Kreatur noch irgendein Bild."[25]
Im Schweigen läßt der Mensch alle Gedanken und Vorstellungen los, er läßt sich selbst los, um ganz empfangsbereit zu sein. Er entblößt sich von sich selbst, um sich bereit zu machen für Gott, der alle Gebilde des menschlichen Geistes übersteigt. Wir können nur empfangen, wenn wir leer geworden sind von uns selbst. Die Empfängnis Gottes in uns ist das Höchste, was ein Mensch erreichen kann. Aber sie ist nicht sein Werk, sondern freies Gnadengeschenk Gottes. Der Mensch kann sich dafür nur im Schweigen und Loslassen bereiten. Auch hier wird also wieder ein sexuelles Bild verwendet, um unsere

tiefste Beziehung zu Gott auszudrücken. Wenn Gott in uns geboren wird, dann ist die Sehnsucht unserer Sexualität gestillt. In dem Raum des Schweigens, in dem Gott in uns geboren wird, sind wir ganz frei von allem, was uns besetzen und beherrschen will. Und wir sind ganz gegenwärtig, ganz wir selbst. Was der Mensch sonst im sexuellen Orgasmus erfährt, das wird hier auf andere Weise erlebt. Hier ist der Mensch im Tiefsten eins mit sich, hier rührt er an seinen innersten Kern, hier kommt sein eigentliches Wesen, sein Geheimnis zum Vorschein. Hier steigt der Mensch über sich selbst hinaus und in der reinen Hingabe erfährt er Gott als das wahre Geheimnis der Liebe in sich selbst. Indem er sich selbst vergißt, kommt er in Gott zur Vollendung, spürt er in Gott intensivste Lebendigkeit und vollkommenste Ruhe.

Die christliche Tradition hat das Geheimnis der Gottesgeburt in vielen Bildern ausgedrückt. Folgende Übung könnte uns helfen, etwas vom Geheimnis der Gottesgeburt in uns zu erahnen: *Setze dich ruhig in dein Zimmer, tu gar nichts, weder lesen noch schreiben noch nachdenken. Versuche, einfach da zu sein, es zu genießen, da zu sein, gegenwärtig vor dem gegenwärtigen Gott. Versuche, den Frieden zu spüren, der dich umgibt. Stell dir vor, daß Gottes Gegenwart dich einhüllt. Bleib einfach in Seiner Gegenwart sitzen. Ruhe dich vor Ihm aus, ohne Druck, etwas sagen zu müssen. Horche in dich hinein: Versuche, den Ort in dir zu entdecken, an dem es ganz still ist, an den keine Gedanken und Gefühle vordringen, an den niemand Zutritt hat, weder deine Probleme, noch deine Ängste, noch deine Mitmenschen, sondern allein Gott. Laß dich da hineinfallen und genieße es, mit deinem Gott allein zu sein. Gott befreit dich von dir selbst, von*

deinen Gedanken, von den Forderungen deines Über-Ichs, von den Erwartungen und Ansprüchen der Menschen.
Du kannst dir mit verschiedenen Bildern diesen Ort des Schweigens in Dir vorstellen:
- Gott liegt wie ein Kind in deinem Stall. Du selbst bist wie ein Stall. In dir ist nicht alles rein und es riecht nicht gut. Vieles ist in Unordnung. Aber mitten in deinem Stall liegt das Göttliche Kind. Es ist Verheißung, daß alles in Dir neu wird und gut, echt und unverfälscht, daß das wahre Bild Gottes sich in Dir entfalten wird. Kind ist zugleich Bild des Zärtlichen und Intimen, des Lebendigen und Spontanen. Es ist die Verheißung, daß Gott dich befreit von allen Bildern, die andere dir übergestülpt haben, und von den Bildern, mit denen du selbst dir dein Wesen verstellt und verdeckt hast. Und es ist die Verheißung, daß du in Berührung kommst mit deinem eigentlichen Kern, daß du ganz du selbst wirst, ganz echt, ganz aus Gott geboren und nicht aus der Zuwendung und Bestätigung der Menschen.
- Gott ist in dir wie eine Quelle lebendigen Wassers, das die trüben Wasser deiner negativen Gefühle und Stimmungen klar werden läßt. Vom Glaubenden hat Jesus gesagt: "Aus seinem Inneren werden Ströme von lebendigem Wasser fließen. Damit meinte er den Geist, den alle empfangen sollten, die an ihn glauben." (Joh 7,38f) Wenn du in dich hineinhorchst, stößt du vielleicht zuerst auf viel Schutt und Geröll, auf den Müll deiner unerledigten Probleme. Und du fühlst dich abgeschnitten von der Quelle des Lebens in dir. Du kannst dir vorstellen, daß du im Ausatmen diese Schuttschicht durchdringst und vorstößt zu der Quelle lebendigen Wassers, die in dir fließt. Im Einatmen kannst du dieses frische und klare Wasser dann in deinen Leib strömen lassen, damit

alles Trübe und Staubige daraus vertrieben wird und du dich wieder frisch und lebendig fühlst. Wasser, das den Leib durchdringt und ihn befruchtet und verjüngt, ist wiederum ein Bild aus dem Bereich der Sexualität. Wenn es in deine Gottesbeziehung hineingehalten wird, wird die Kraft der Sexualität in dir integriert.

- Gott ist wie eine Glut, wie ein Feuer in dir, das dich mit Wärme, mit Liebe erfüllt. Vielleicht fühlst du dich als ausgebrannte Rakete, ausgeglüht und kalt, dein Innerstes von einer Schicht Asche überdeckt. Dann stelle dir vor, daß da drunter die Glut des Heiligen Geistes ist, die deinen ganzen Leib durchdringen möchte. Sie will das Feuer des Gottesgeistes in deine Sinne bringen. Wenn du feurige Augen hast, fühlst du dich lebendig, dann geht etwas aus von dir, Leben, Liebe. Stelle dir vor, wie diese göttliche Glut alles in dir erwärmt und dich mit Liebe erfüllt. Du bist nicht liebesunfähig, in dir ist Gottes Liebe und sie will strömen. Du brauchst sie gar nicht zu spüren. Sie ist in dir, laß sie einfach zu, laß sie in deine Hände, in deine Wangen, in deine Augen, in deinen Mund strömen. Die Liebe Gottes macht dich lebendig, ähnlich wie beim Verliebtsein die Liebe des Partners dich lebendig macht, wie sie alles in dir anregt und aufblühen läßt.

- Gott ist in Seiner Herrlichkeit in dir. Du kannst das Bild der Verklärung Christi meditieren. In Christus bricht das Eigentliche durch und alles verklärt sich. Verklärung ist "der Durchbruch des Eigentlichen durchs Schemenhafte, des Lebendigen durch die Schatten, des Geliebten durchs Ungeliebte und die Ankunft des Langerwarteten"..."Und das weiß auch Jeder, daß nur die Liebesblicke es sind, die die Kraft der Verklärung besitzen. Nur dem Auge, das nicht liebt und

nie geliebt hat, ist Verklärung nie widerfahren."[26]
Die Herrlichkeit Gottes, die in der Verklärung aufleuchtet und durchscheint, ist auch in dir. Henry Nouwen erzählt, daß ihm der Abt John Eudes den Satz zur Meditation aufgegeben habe: Du bist die Herrlichkeit Gottes. Versuche, dir das vorzusagen. Die Herrlichkeit Gottes ist in dir und will alles in dir von innen heraus schön machen und hell. Auch von dir gilt, was Paulus von uns allen sagt: "Die er gerufen hat, die läßt er gelten, zu denen sagt er sein Ja. Über sie breitet er seinen Lichtglanz, macht sie heilig und schön." (Röm 8,30, übers. v. J. Zink)

– Gott ist das Feuer, das deinen Dornbusch brennen läßt, ohne daß er verbrennt. Der Dornbusch ist etwas Verachtetes. Mitten in der Wüste wächst er, trocken, stachelig, abweisend. Vielleicht ist dein Dornbusch die eigene Verletztheit, die Einsamkeit, die Launenhaftigkeit, die innere Zerrissenheit. Mitten in den Dornen deines Alltags brennt das Feuer Gottes. Es macht alles an deinem Dornbusch hell und schön. Aber der Dornbusch verbrennt nicht. Er bleibt stachelig und welk. Dein Alltag bleibt Alltag. Aber wenn Du deine Schuhe ausziehst und alles ablegst, was dich festhält, kannst du mitten in deinem Alltag das Feuer der Liebe Gottes erkennen. Das Ausgedorrte und Tote in dir kann durch Gottes Gegenwart in dir zum Brennmaterial für Gottes begeisterndes Feuer werden.

Sowohl die Bibel als auch die christliche Tradition wollen uns in immer neuen Bildern anschaulich machen, was das Geheimnis der Gottesgeburt in uns ist. Wir können dieses Geheimnis nicht fassen. Es will uns sagen, daß Gott uns innerlicher ist als wir selbst, daß er in uns ruht und wir in ihm, daß wir im Tiefsten miteinander auf geheimnisvolle Weise verbunden sind. Gott ist uns nicht nur gegenüber, sondern er ist auch in uns. Wenn wir tief genug in uns hineinhorchen, stoßen wir nicht bloß auf uns und unsere Gedanken, nicht bloß auf unsere Probleme und Schwierigkeiten, auch nicht bloß auf unsere Gefühle und Sehnsüchte, sondern darunter stoßen wir auf Gott selbst. Wenn wir Ihn in uns finden, dann kommen wir zur Ruhe, dann werden wir lebendig, dann erfüllt sich die tiefste Sehnsucht unseres Herzens, dann ist Gott wie der männliche Same, der in uns Frucht bringt und Neues schafft. Das Feuer als Bild der Sexualität wird bei den frühen Mönchen immer wieder zur Beschreibung eines lebendigen geistlichen Lebens herangezogen. So sagt Abbas Joseph zu Abbas Lot:

"Du kannst nicht Mönch werden, wenn du nicht ganz in Feuer gerätst." (Apo 389)

Und als Abbas Lot einmal Abbas Joseph besuchte und ihm erzählte, daß er treu seine Gebetspflichten erfülle, faste und bete und gegen seine Gedanken kämpfe, da stand der Altvater auf

"und hob seine Hände zum Himmel empor. Da wurden seine Finger wie zehn Feuerflammen. Und er sprach zu ihm: Wenn du willst, werde ganz wie Feuer." (Apo 7)

Das Feuer ist in den Träumen oft ein Bild für die Sexualität, für das Feuer, das sie im Menschen entfachen kann. Es ist aber zugleich ein Bild für Lebendigkeit überhaupt. Wenn die Mönche ihr geistliches Leben als Feuer verstehen, dann zeigt das, daß sie darin die Kraft ihrer Sexualität integriert haben. Das wird in folgendem Väterspruch deutlich:

Ein Bruder bat Abbas Poimen: Sag mir ein Wort: Und er sprach: Wenn der Topf kocht, kann keine Fliege oder Kriechtier ihn berühren. Ist er aber kalt, dann setzen sie sich darauf. So auch der Mönch: Solange er bei den geistigen Übungen bleibt, findet der Feind nichts, um ihn hinabzustürzen." (Apo 111)

Wenn ein Mönch spirituell lebt, ist er ganz heiß. Und dann werden ihn keine sexuellen Feuer von seinem geistlichen Weg abbringen.
Ein anderes sexuelles Bild wird in folgendem Väterspruch für die Beschreibung des Mönchs gebraucht:

"Abbas Longinos sprach zum Abbas Aktatios: Die Frau erkennt, daß sie empfangen hat, daran, daß das Blut stehen bleibt. So ist es auch mit der Seele: Daran erkennt sie, daß sie den Heiligen Geist empfangen hat, wenn die herabfließenden bösen Leidenschaften zur Ruhe kommen. Solange sie sich in ihnen befindet, wie kann sie sich da eitel rühmen, als wäre sie frei davon; Gib Blut und empfange Geist:" (Apo 453)

Hier wird der Empfang des Heiligen Geistes mit dem Empfang eines Kindes in der Frau verglichen und die Ruhe von den Leidenschaften mit dem Ausbleiben der monatlichen Regelblutung. In solchen Vätersprüchen spüren wir, daß die Mönche die Sexualität nicht tabuisiert, sondern in ihr ein Gleichnis ihres spirituellen Weges gesehen, ja die sexuelle Leidenschaft in ihr geistliches Leben integriert haben. Die Sexualität befruchtete ihr Leben mit Gott und gab ihm Kraft und Würze, Lebendigkeit und Sinnlichkeit. Sie haben verstanden, was der italienische Philosoph J. Evola am Ende seiner Untersuchung über die Metyphysik des Sexus schreibt:

"Der Sexus ist die größte magische Kraft der Natur; in ihm wirkt ein Impuls, der das Mysterium des Einen vorahnen läßt."[27]

Die Sexualität will die Erfahrung der Lust transzendieren auf die Erfahrung Gottes hin. Eine Weise, sie zu leben, ist der Verzicht auf sie, damit sie ganz und ungeteilt in unsere Gottesbeziehung einfließen und uns etwas vom Mysterium des göttlichen Feuers erahnen läßt, vom Mysterium des Einen, der allein unsere tiefste Sehnsucht zu stillen vermag.

Ein anderes Bild, mit dem wir uns die Gottesgeburt vorstellen können, bietet uns das Jesusgebet an. Wer da in unserem Seelengrund geboren wird, das ist Jesus Christus, eine Person, zu der wir Du sagen dürfen. Es ist nicht nur das Gelangen in den eigenen Grund, sondern eine personale Begegnung mit dem Christus, der in uns ist. Und dieser Jesus Christus ist von uns unabhängig. Er ist zwar auch ein Bild für unser Selbst. Aber zugleich ist er der ganz andere, der unverfügbare, der uns begegnen möchte, damit wir in der Begegnung mit ihm verwandelt werden. Im Jesusgebet sprechen wir diesen Jesus Christus in uns an. Wir können es entweder mit der klassischen Formel "Herr Jesus Christus, Sohn Gottes, erbarme dich meiner." Dabei würden wir beim Einatmen bis Christus sprechen und beim Ausatmen den Rest. Oder wir können nur das Wort Jesus beim Einatmen sprechen und uns dabei vorstellen, wie der Atem in das Herz strömt und mit dem Atem Jesus Christus selbst in unserem Herzen wohnt und es mit Liebe und Wärme erfüllt. Beim Ausatmen können wir dann sagen:"erbarme dich meiner". Und wir können uns vorstellen, wie beim Ausatmen die Barmherzigkeit Jesu in den ganzen Leib strömt, vor allem in die Teile, in denen wir uns nicht annehmen können, wo wir im Widerstreit mit uns liegen. Dann können wir uns nach und nach mit allem in uns aussöhnen, gerade auch mit unserer Sexualität. Wir können dieses Wort in unsere Sexualität halten, dann wird sie getauft, dann wird sie zur Wunde, die uns für Gott aufbricht. Es gibt jedoch auch den Weg, das Jesusgebet ohne die Formel zu beten und einfach nur Jesus zu sagen. Ich brauche es dann gar nicht mit dem Atem zu verbinden, sondern sage das Wort von Zeit zu Zeit mit der ganzen Sehnsucht meines Herzens. Es ist ein Liebeswort, ein Wort der Sehnsucht und Liebe an das Du, von dem ich die Erfüllung meiner Sehnsucht erwarte. Es ist dann ein sehr intimes Wort: "Jesus DU", ein Wort, wie es Liebende zum Partner sagen, ohne viel hinzuzufügen. Dieses Du genügt. Es bringt alles in uns in eine liebende Beziehung zum Du, zu Jesus Christus. Und wenn alles in uns in Beziehung zu Christus ist, dann ist es heil. Es ist nicht so wichtig, wie weit wir in unserer Askese kommen. Wir brauchen keine Angst vor irgendwelchen Gedanken und Gefühlen in uns zu haben, wir brauchen auch keine Angst vor den Regungen der Sexualität in uns zu haben. Entscheidend ist, daß wir alles, was sich in uns regt, in diese Beziehung zu Jesus Christus bringen. Dort darf es sein und leben. Dort wird es gehalten von dem Du Jesu. In dieser Beziehung zu Jesus Christus ist dann nichts mehr in uns gefährlich. Oder wie Paulus es ausdrückt: "Weder Tod noch Leben, weder Engel noch Mächte, weder Gegenwärtiges noch Zukünftiges, weder Gewalten der Höhe oder Tiefe noch irgendeine andere Kreatur können uns scheiden von der Liebe Gottes, die in Christus Jesus ist, unserem Herrn." (Röm 8,38f) Aber für den Ehelosen muß auch alles in diese Beziehung zu Jesus Christus hineingenommen werden. Sonst bleibt die Ehelosigkeit zu sehr unser Werk, ein Verzicht, der uns überfordert und uns dann in die Krankheit treibt. Verdrängte Sexualität führt zur Neurose. Wenn einer alle Willensanstrengung braucht, um die Sexualität in Zaum zu halten, dann wird er seine Ehelosigkeit sicher nicht erfüllt leben können. Die Sexualität wird sich in psychosomatischen Symptomen äußern, in ständigen Kopfschmerzen oder Hautjucken. Wenn manche Priester immer vor sich hin kränkeln, kann das auch mit einer mangelnden Integration der Sexualität zusammenhängen. Im Kranksein erlaubt sich der Ehelose dann sein Bedürfnis nach Zärtlichkeit und Liebe. Aber die Erfahrung wird ihn nicht lebendiger in seiner Seelsorge machen, sondern er muß immer wieder in die Krankheit flüchten, um sich sein uneingestandenes Bedürfnis befriedigen zu lassen. Das sei natürlich in aller Vorsicht gesagt und darf nicht dazu mißbraucht werden, jede Krankheit so zu deuten. Es soll für den einzelnen nur eine Anfrage sein, ob dahinter nicht doch solche nicht zugelassenen sexuellen Bedürfnisse stehen.

Das Einssein, das Mann und Frau in der sexuellen Vereinigung in tiefer Weise erfahren, soll der Ehelose in dem Bild der Gottesgeburt in sich erfahren. Wenn Gott in uns ist und wenn Er alles in uns durchdringt, wie wir es am intensivsten in der Eucharistie erfahren dürfen, dann können wir auch eins sein mit uns selbst, einverstanden mit unserem Leben. Wir können das Einssein in alle Bereiche unseres Leibes dringen lassen. Überall wohnt Gott, alles vereint er mit sich, nichts ist von Ihm ausgeschlossen, auch unsere Sexualität nicht. Wenn Gott eins ist mit allem in uns, dann können auch wir mit uns eins sein, dann streiten wir nicht ständig gegen das Negative in uns. Denn auch das ist von Gott umfangen. Und von Gott her verliert es seine destruktive Kraft. Vom Einssein mit Gott her können wir uns selber annehmen, wie wir sind, wir können einverstanden sein mit unserer Vergangenheit, uns aussöhnen mit den Wunden, die uns Menschen geschlagen haben, einverstanden mit unserer jetzigen Situation. In dieser Erfahrung des Einsseins mit Gott und mit uns selbst erfüllt sich die Sehnsucht der Sexualität nach größerer Lebendigkeit im Einssein mit dem Ehepartner. Wenn ich eins bin mit mir, mit Gott, mit allen Menschen und mit der ganzen Schöpfung, dann ist alles in mir lebendig, dann wird es weit in mir und ich bin glücklich. Ich fühle mich eins mit allem, gerade auch mit meinen Brüdern und Schwestern. Im Innersten meines Herzens bin ich mit allen innig verbunden. Wenn wir das zulassen, daß der gleiche Geist Gottes uns alle durchdringt und miteinander verbindet, dann fühlen wir uns nicht ausgeschlossen aus der menschlichen Gemeinschaft, sondern wir stehen mitten drin, in ihrem Wurzelgrund, wie Teilhard de Chardin es ausdrücken würde. Und wir fühlen uns eins mit der ganzen Schöpfung. Der Geist Gottes, der die Blumen und Bäume, die Vögel und jeden Käfer durchweht, ist auch in uns. Von dieser innigen Verbindung mit der Schöpfung her können wir eine tiefe Lebendigkeit in uns erahnen. Denn das Leben und die Schönheit, die wir in der Natur erfahren, sind ja auch in uns. Wir müßten sie nur zulassen. Ehelosigkeit führt nicht in die Isolation, sondern in eine tiefere Verbindung mit allen Menschen und mit der ganzen Schöpfung. Nur von daher ist sie lebbar. Freilich wird sie für den Ehelosen trotzdem oft als Wunde erlebt. Aber gerade in seiner Wunde kann er sich allen Menschen öffnen und in seinem Schmerz das Geheimnis der innigsten Verbindung und Einheit mit ihnen erfahren.

Die Ehelosigkeit im Dienst der Vereinigung mit der ganzen Schöpfung begegnet uns immer wieder in den Schriften von Teilhard de Chardin. In seinem Essay über die Evolution der Keuschheit schreibt er, daß auch die vergeistigste Liebe weiterhin materieller und leiblicher Ausdrucksmöglichkeiten bedarf, ja daß sie im Kern selber Materie bleibt, gleichsam auferstandene, verklärte Materie.

"Die Größe und Reinheit der Liebe mißt sich demnach daran, wieviel Materie sie zu vergeistigen vermag, wieviel Leiblichkeit sie integriert als Ausdruck geistiger Hingabe."[28]

So schreibt Teilhard:

Die geistige Fruchtbarkeit mehr und mehr an die Stelle der materiellen Fruchtbarkeit setzen - und schließlich durch sie allein die Vereinigung rechtfertigen. Vereinigung für das Kind. Aber auch Vereinigung für das Werk, Vereinigung für die Idee; Warum nicht? ... Dieser geistige Gebrauch des Fleisches, ist es im Grunde nicht der den, ohne die Moralisten zu fragen, viele wahrhaft schöpferische Genies instinktiv entdeckt und angewandt haben? (27)

Das Ziel der menschlichen Entwicklungsgeschichte ist die "universelle Konvergenz", eine alles umfassende Vereinigung, "in deren Schoß die materielle Vielheit sich in Geist aufhebt." (27) Der Weg zu dieser Einheit kann durch körperliche Vereinigung im Namen des Geistes oder aber durch geistige Vereinigung mit Verzicht auf die körperliche gehen. Teilhard selbst geht in der Ehelosigkeit bewußt den zweiten Weg:

Zwei Lösungen. Zwei Wege. Welcher ist der Gute? - In diesem Punkt gibt es gegensätzliche und sich widersprechende individuelle Zeugnisse. Durch Geburt, kann ich sagen, finde ich mich auf dem zweiten engagiert. Ich bin ihm gefolgt so weit wie möglich. Selbstverständlich habe ich dort schwierige Stellen gefunden. Doch ich habe mich dort niemals gemindert oder verloren gefühlt. (28)

Und Teilhard sieht die Aufgabe der Ehelosigkeit

gerade in der Verwandlung der Leidenschaften, um sie dem Geist dienstbar zu machen.

Eines Tages, nach dem Äther, den Winden, den Meeren, der Gravitation, werden wir für Gott auch die Energien der Liebe einfangen. - Und dann wird der Mensch zum zweitenmal in der Weltgeschichte das Feuer gefunden haben. (29)

Teilhard bekennt, daß er seine eigene Fruchtbarkeit dem Einfluß von Frauen verdankt, ja daß die Frauen ihm den Zugang zur geistigen Reife und Fülle ermöglichten. Auch der ehelose Mann soll und braucht nicht auf die befruchtende Kraft des Weiblichen verzichten. Die Ehelosigkeit geht nur einen anderen Weg der Befruchtung. So schreibt Teilhard:

Zwischen einer Ehe, sozial immer auf die Fortpflanzung eingestellt, und einer religiösen Vollkommenheit, theologisch immer in Begriffen der Trennung vorgestellt, fehlt uns entschieden ein dritter Weg (ich sage nicht ein mittlerer, sondern ein höherer): ein Weg, erfordert durch die letzte revolutionäre Umwandlung, die in unserem Denken durch die Veränderung des Geistbegriffes bewirkt worden ist. Geist, wie wir gesehen haben, nicht mehr der Entmaterialisierung, sondern der Synthese. materia matrix, mütterliche Materie; nicht mehr Flucht (durch Einschränkung), sondern Kampf (durch Sublimierung) der unergründlichen, noch schlafenden geistigen Kräfte durch die wechselseitige Anziehung der Geschlechter: das sind, davon bin ich mehr und mehr überzeugt, die geheime Essenz und die großartige kommende Aufgabe der Keuschheit. (163)

Die Keuschheit ist für Teilhard also eine positive Möglichkeit, sich mit dem Kosmos und mit dem Urgrund des Kosmos, mit Jesus Christus zu vereinigen. Keuschheit ist für ihn nicht weltlos und fleischlos, sondern ein Weg zur Vergeistigung der Materie, zur Verchristung des Kosmos, damit wirklich Christus alles in allem wird. Auch wenn wir uns mit der Emphase Teilhards etwas schwer tun, so eröffnet er doch eine positive Sicht der Ehelosigkeit. Aber diese positive Wirkung hat die Ehelosigkeit nur, wenn man nicht vor der Materie, vor dem Fleisch flieht, sondern wenn es durchdrungen wird von der Kraft Christi, von der Liebe Gottes, die alle Kräfte im Kosmos miteinander verschmelzen und verwandeln möchte.

Sowohl Teilhard de Chardin als auch die vielen Bilder von der Gottesgeburt wollen uns sagen, daß die Ehelosigkeit allein in der Kontemplation zur Vollendung kommt, allein in einem Leben, das in der Gegenwart Gottes gelebt wird und das ganz und gar auf Gott ausgerichtet ist. Dabei will uns das Bild von der Gottesgeburt zeigen, daß diese Ausrichtung auf Gott nicht willensmäßig zu geschehen hat, sonst würde sie uns heillos überfordern. Denn keiner kann nur aus seinem Willen heraus ständig an Gott denken. Kontemplation meint vielmehr, daß ich in meinem innersten Kern schon mit Gott verbunden bin, ja daß ich in meinem Innern Gott selbst finde. Aus der eigenen Mitte heraus leben, heißt darum, aus Gott heraus leben. Das kann in der ständigen liebenden Aufmerksamkeit geschehen, von der Johannes vom Kreuz schreibt, oder in der Kontemplation, wie sie Evagrius versteht als Apatheia, als Freiheit von Leidenschaften und Erfülltsein von Liebe, als reines Schweigen, das allein Gott Raum gibt. Die Ehelosigkeit kommt in der Kontemplation zur Vollendung. Natürlich kommen auch Verheiratete zur Kontemplation. Die ist nicht den Ehelosen vorbehalten. Aber die Ehelosigkeit hat als letztes Ziel das radikale Offensein für Gott, das Leben aus der Kontemplation, aus der ständigen Verbundenheit mit Gott, ja aus der innersten Tiefe, die von Gott selbst erfüllt ist.

Schluss

Das Wesentliche der Ehelosigkeit ist nicht der Verzicht, sondern das Zulassen des Lebens, das Christus uns geschenkt hat. Es ist ein Weg zu dem Leben in Fülle, das Christus uns verheißt. Dieses Leben kann in der Ehe erfahren werden und es kann bewußt auf dem Weg der Ehelosigkeit gefunden werden, aber nur dann, wenn die Ehelosigkeit um des Lebens willen auf sich genommen wird und nicht, weil man Angst hat vor dem Leben, vor der Sexualität und vor der intimen Begegnung mit einem Partner. Die Ehelosigkeit verlangt Vitalität, um gelingen zu können. Ein Mangel an Vitalität würde zu den vielen Fehlformen von Ehelosigkeit führen, die ja immer wieder angeführt werden, um die Unmöglichkeit geglückter Ehelosigkeit zu beweisen. Doch die herrschende Meinung, daß man nur durch die Betätigung seiner Sexualität ein ganzer Mensch sein kann und daß die Ehelosen ständig mit ihrer Sexualität zu kämpfen haben, stimmt nicht. Gerade in unserer heutigen Situation der Pansexualität kann die Ehelosigkeit ein gutes Zeichen sein, daß zur Menschwerdung mehr gehört als sexuelle Kontakte, daß wir gerade in unserer Begegnung mit Gott ganz zu uns selbst finden können. Die Psychologie sagt uns, daß gerade die Menschen sofort auf sexuellen Verkehr aus sind, die sonst kontaktunfähig sind. Hier kann uns die Ehelosigkeit einen anderen Weg menschlicher Begegnung aufzeigen, einen Weg, auf dem die Person des andern ein unauslotbares Geheimnis ist. Hier wird der Mensch nicht nach seinem Leib beurteilt. Hier darf er ganz er selber sein, hier kommt er in Berührung mit seinem innersten Kern und er ahnt etwas vom Geheimnis des andern. Es wird in ihm etwas lebendig, so wie in

Elisabeth etwas lebendig wurde, als Maria sie begrüßte. Das Kind hüpfte auf in ihr. Erfüllte Ehelosigkeit könnte gerade heute gegen die weitverbreitete Unfähigkeit zu wirklicher Begegnung eine Kultur des Eros entfalten, eine Kultur menschlicher Begegnung und gegenseitiger Hochschätzung. Und sie könnte uns zeigen, daß Gott so wirklich ist, daß er unsere tiefste Sehnsucht zu erfüllen vermag.

Also ist Ehelosigkeit doch wieder ein Zeichen, zwar kein eschatologisches, sondern ein Zeichen menschlicher Selbstwerdung und geglückter menschlicher Begegnung? Ja, die Ehelosigkeit ist ein Zeichen für unsere Zeit. Aber sie kann nur ein Zeichen sein, wenn sie in sich einen positiven Wert hat. Ehelosigkeit ist die Möglichkeit, auf einem andern Weg als dem üblichen ein ganzer Mensch zu werden, auf andere Weise mit seiner Sexualität umzugehen und sie zu leben, miteinander Intimität zu erfahren, ohne sexuell miteinander zu verkehren. Und Ehelosigkeit ist ein Raum, der ganz und gar von Gott ausgefüllt werden will, in dem ich Gott als dem begegnen kann, der meine tiefste Sehnsucht stillt, Gott als dem Du, vor dem ich Ich sein darf, und Gott als dem, der in mir wohnt und in mir geboren werden will, damit alles in mir eins wird mit Ihm und so lebendig und heil. Nur wenn Gott die Mitte und das Ziel meiner Ehelosigkeit ist, kann ich auf diesem Weg etwas erahnen von dem Leben in Fülle, von dem ewigen Leben, das Christus uns schenkt und das eine andere Qualität und einen anderen Geschmack hat als das Leben, das die Welt uns verheißt.

ANMERKUNGEN

[1] Vgl. H. Schultz-Hencke, Der gehemmte Mensch, Stuttgart 1947, 39f. "Armut, Keuschheit und Gehorsam sind nicht ohne Sinn, nicht als große Forderung und Aufgabe zufällig aneinandergereiht worden. Sie wurden in dieser Gestalt zum Gebot erhoben, weil eben jene drei Gebiete menschlichen Strebens innerhalb der Vielfalt des Strebens überhaupt sich durch besondere, gemeinsame Züge auszeichnen. Es handelt sich um diejenigen drängenden Bedürfnisse, an die der Mensch leicht sein Herz verliert, an die er sich triebhaft hinzugeben neigt, zum Schaden seiner Mitmenschen, aber mehr noch zum Schaden seiner selbst." Gemeint sind Besitzstreben, Geltungsstreben und Sexualstreben.

[2] Diesen Ansatz referierte Prof. Fraling bei einem Vortrag vor dem Konvent der Abtei Münsterschwarzach am 26.5.1984.

[3] Vgl. Dionysius Areopagita, P 63, 532d. Vgl. dazu auch B. Sill, Die Kunst der Geschlechterliebe. Plädoyer für einen androgynen Lebensstil, Mainz 1989

[4] Vgl. dazu die Darstellung in A. Grün, Lebensmitte als geistliche Aufgabe, Münsterschwarzach 1979.

[5] Vgl. R. Rohr, Der wilde Mann. Geistliche Reden zur Männerbefreiung, München 8 1988.

[6] Vgl. H. Jelloucheck, Männer und Frauen auf dem Weg zu neuen Beziehungsformen, Vortrag vom 21.10.88 in Lindau, S.2f: "Mit den religiösen Formen ist auch dieses Bewußtsein (daß unsere Erlösungssehnsucht hier in dieser Welt keine Erfüllung findet) aus unserer Welt verschwunden - nicht aber die religiöse Sehnsucht. Sie richtet sich heute vor allem auf die erotische Beziehung - und überfordert sie. Damit will ich nicht bestreiten, daß in der Geschlechterliebe nicht auch eine religiöse Dimension berührt wird. Im Gegenteil, für die große Mehrzahl der Menschen heute ist sie vielleicht der einzige Ort, an dem sie Entgrenzung und Trans-

zendenz konkret erleben. Doch wird diese Erfahrung nur dann nicht mißdeutet, wenn sie sich der Endlichkeit des einzelnen Liebesaktes, seiner Symbolhaftigkeit und Gleichnishaftigkeit bewußt bleibt."

[7] Vgl. W. Müller, Intimität. Vom Reichtum ganzheitlicher Begegnung, Mainz 1989.

[8] Vgl. Fr. Bollnow, Wesen und Wandel der Tugenden, 1965.

[9] Apophthegma 103, in B. Miller, Weisung der Väter, Freiburg 1965. Dort finden sich alle zitierten Apophthegmata. Im Text sind sie jeweils mit ihrer Nummer angegeben.

[10] Les sentences des pères du désert, nouveau recueil (=II), hrsg.. v. L. Regnault, Solesmes 1977, N 592/24.

[11] Johannes Climacus, Die Leiter zum Paradiese, Nachdruck der Originalausgabe von 1834 in Landshut, Heppenheim 1987, 297f.

[12] Johannes Cassian, Aufstieg der Seele. Einweisung in das christliche Leben II, ausgew. u. eingel. v. G. u. Th. Sartory, Freiburg 1982, 109. Die folgenden Zitate aus Cassian finden sich alle dort.

[13] Evagrius Ponticus, Praktikos. Über das Gebet, übers. v. J.E. Bamberger u. G. Joos, Münsterschwarzach 1986. Die im Text angegebenen Nummern beziehen sich auf die Kapitel des Praktikos.

[14] Evagrius Ponticus, Antirrhetikon, hrsg. v. W. Frankenberg, Berlin 1917. Die im Text angegebenen Nummern beziehen sich auf die Reihenfolge der beim Kapitel "Unzucht" angegebenen Stellen, Übersetzung von mir.

[15] C. Maas, Affektivität und Zölibat, St. Augustin 1978, 149. Die folgenden Ausführungen beziehen sich auf dieses Buch, die im Text angegebenen Zahlen ebenfalls. Maas zitiert in seiner Untersuchung holländische Theologen und Psychologen zu diesem Thema.

[16] W. Müller, Intimität 99f.

[17] A. Louf, In uns betet der Geist, Einsiedeln 1974, 86.

[18] Vgl. dazu: A. Grün, Reinheit des Herzens, Frankfurt 1978.

[19] Evagrius Ponticus, Über das Gebet, Kap 34.

[20] Ebd. Kap. 17.

[21] Aus den Confessiones zit. in: Cornelia Blombik, Aurelius Augustinus, Gott, was bist du mir; Frankfurt 1977, 12f.

[22] R. Schutz, Kampf und Kontemplation, Freiburg 1975, 15.

[23] Vgl. dazu: A. Grün, M. Reepen, Gebetsgebärden, Münsterschwarzach 1988.

[24] Angelus Silesius, Der cherubinische Wandersmann, 3. Buch, Nr. 224, München 1924, 131.

[25] Meister Eckehart, Das System seiner religiösen Lehre und Lebensweise, Textbuch v. O. Karrer, München 1926, 173.

[26] E. Kästner, Die Stundentrommel. Vom heiligen Berg Athos, Wiesbaden 1956, 25f.

[27] J. Evola, Metaphysik des Sexus, Stuttgart 1962, 463.

[28] P. Teilhard de Chardin, Briefe an Frauen, hrsg. u. erl. v. G. Schiwy, Freiburg 1988, 26 (Text von G. Schiwy) Die folgenden Zitate sind alle diesem Buch entnommen. Die Seitenzahlen beziehen sich darauf.

MÜNSTERSCHWARZACHER KLEINSCHRIFTEN
Schriften zum geistlichen Leben
ISSN 0171-6360
herausgegeben von Mönchen der Abtei Münsterschwarzach

1	A. Grün OSB, Gebet und Selbsterkenntnis	(1979) 56 S.	DM 4,80
2	B. Doppelfeld OSB, **Der Weg zu seinem Zelt** Der Prolog der Regula Benedicti als Grundlage geistlicher Übungen	(1979) 64 S.	DM 5,40
3	F. Ruppert OSB/A. Grün OSB, Christus im Bruder	(1979) 56 S.	DM 4,80
4	P. Hugger OSB, Meine Seele, preise den Herrn	(1979) 84 S.	DM 7,40
5	A. Louf OCSO, Demut und Gehorsam	(1979) 55 S.	DM 4,80
6	A. Grün OSB, Der Umgang mit dem Bösen	(1980) 84 S.	DM 7,40
7	A. Grün OSB, Benedikt von Nursia – Seine Botschaft heute	(1979) 60 S.	DM 5,20
8	P. Hugger OSB, **Ein Psalmenlied dem Herrn** Teil 1: Möglichkeiten des heutigen Psalmengebets	(1980) 72 S.	DM 6,80
9	P. Hugger OSB, **Ein Psalmenlied dem Herrn** Teil 2: Impulse zum christlichen Psalmengebet; Psalm 1 – 72	(1980) 80 S.	DM 7,60
10	P. Hugger OSB, **Ein Psalmenlied dem Herrn** Teil 3: Impulse zum christlichen Psalmengebet; Psalm 73 – 150	(1980) 80 S.	DM 7,60
11	A. Grün OSB, Der Anspruch des Schweigens	(1980) 72 S.	DM 6,80
12	B. Schellenberger OCSO, Einübung ins Spielen	(1980) 52 S.	DM 4,80
13	A. Grün OSB, Lebensmitte als geistliche Aufgabe	(1980) 60 S.	DM 5,60
14	B. Doppelfeld OSB, **Höre, nimm an, erfülle** St. Benedikts Grundakkord geistlichen Lebens	(1981) 68 S.	DM 6,80
15	E. Friedmann OSB, Mönche mitten in der Welt	(1981) 76 S.	DM 7,40
16	A. Grün OSB, Sehnsucht nach Gott	(1982) 64 S.	DM 6,40
17	F. Ruppert OSB/A. Grün OSB, Bete und arbeite	(1982) 80 S.	DM 7,80
18	J. Lafrance, Der Schrei des Gebetes	(1983) 62 S.	DM 6,40
19	A. Grün OSB, **Einreden,** Der Umgang mit den Gedanken	(1983) 78 S.	DM 7,80
20	R.-N. Visseaux, Beten nach dem Evangelium	(1983) 68 S.	DM 7,20
21	J. Main, **Meditieren mit den Vätern** Gebetsweise in der Tradition des J. Cassian	(1983) 56 S.	DM 5,40
22	A. Grün OSB, **Auf dem Wege,** Zu einer Theologie des Wanderns	(1983) 72 S.	DM 7,40
23	A. Grün OSB, Fasten – Beten mit Leib und Seele	(1984) 76 S.	DM 7,60
24	G. Kreppold OFMCap, **Heilige – Modelle christlicher Selbstverwirklichung**	(1984) 80 S.	DM 7,80
25	G. Kreppold OFMCap, Die Bibel als Heilungsbuch	(1985) 80 S.	DM 7,80
26	A. Louf/M. Dufner, Geistliche Vaterschaft	(1984) 48 S.	DM 5,20
27	B. Doppelfeld OSB, **Die Jünger sind wir** Das Leiden Jesu Christi, mit seinen Jüngern erlebt	(1985) 64 S.	DM 6,80
28	M. W. Schmidt OSB, Christus finden in den Menschen	(1985) 44 S.	DM 4,80
29	A. Grün OSB/M. Reepen OSB, Heilendes Kirchenjahr	(1985) 84 S.	DM 7,80
30	F.-X. Durrwell, Eucharistie – das österl. Sakrament	(1985) 74 S.	DM 7,40
31	B. Doppelfeld OSB, Mission	(1985) 60 S.	DM 6,40

Nr.	Autor, Titel	Jahr	Seiten	Preis
32	A. Grün OSB, **Glauben als Umdeuten**	(1986)	66 S.	DM 6,80
33	A. Louf OCSO/A. Grün OSB, **In brüderlicher Gmeinschaft leben**	(1986)	54 S.	DM 5,60
34	C. de Bar, **Du hast Menschen an meinen Weg gestellt**	(1986)	54 S.	DM 5,60
35	G. Kreppold, **Kranke Bäume — Kranke Seelen**	(1986)	87 S.	DM 7,80
36	A. Grün OSB, **Einswerden — Der Weg des hl. Benedikt**	(1986)	80 S.	DM 8,80
37	B. Community, **Regel für einen neuen Bruder**	(1986)	48 S.	DM 5,20
38	B. Doppelfeld OSB, **Gemeinsam glauben**	(1986)	60 S.	DM 6,40
39	A. Grün OSB, **Dimensionen des Glaubens**	(1987)	78 S.	DM 8,40
40	B. Jaspert, **Benedikts Botschaft**	(1987)	60 S.	DM 6,40
41	J. Domek OSB, **Gott führt uns hinaus ins Weite**	(1987)	68 S.	DM 7,40
42	B. Doppelfeld OSB, **Sie sind ihm begegnet I**	(1987)	64 S.	DM 7,60
43	B. Doppelfeld OSB, **Sie sind ihm begegnet II**	(1987)	64 S.	DM 7,60
44	Anselm Grün OSB/Petra Reitz, **Marienfeste — Wegweiser zum Leben**	(1987)	80 S.	DM 8,40
45	J. Domek OSB, **Segen, Quelle heilender Kraft**	(1988)	76 S.	DM 8,20
46	Anselm Grün OSB/Michael Reepen OSB, **Gebetsgebärden**	(1988)	72 S.	DM 7,80
47	Emmanuela Kohlhaas OSB, **Es singe das Leben**	(1988)	60 S.	DM 6,80
48	Reinald Rickert OSB, **Kieselsteine**	(1988)	52 S.	DM 6,00
49	Reinhard Abeln/Anton Kner, **Such dir einen Einsamen**	(1988)	44 S.	DM 5,20
50	Anselm Grün OSB, **Chorgebet und Kontemplation**	(1988)	68 S.	DM 7,40
51	Basilius Doppelfeld OSB/Elisabeth Stahl OSA, **Mit Maria auf dem Weg des Glaubens**	(1989)	68 S.	DM 7,60
52	Anselm Grün OSB, **Träume auf dem geistlichen Weg**	(1989)	68 S.	DM 7,80
53	Guido Kreppold, **Die Bergpredigt zwischen Innerlichkeit und Utopie** Teil 1: Der Berg der Wandlung	(1989)	88 S.	DM 9,60
54	Guido Kreppold, **Die Bergpredigt zwischen Innerlichkeit und Utopie** Teil 2: Handeln aus Freude – die 8 Seligkeiten	(1989)	72 S.	DM 7,80
55	Martin Kämpchen, **Du tanzt im Herzen aller Menschen**	(1989)	52 S.	DM 6,00
56	B. Doppelfeld, **Lebt gemäß eurer Berufung**	(1989)	68 S.	DM 6,00
57	Anselm Grün OSB/Meinrad Dufner, **Gesundheit als geistliche Aufgabe**	(1989)	108 S.	DM 9,80
58	Anselm Grün, **Ehelos — des Lebens wegen**	(1989)	86 S.	DM 8,80

Weitere Veröffentlichungen in dieser Reihe folgen.

VIER-TÜRME-VERLAG
D-8711 Münsterschwarzach Abtei (09324) 20-292